AF194313

Perlen

Clemens Satorius

© 2022 Hendrik Normann
Herstellung und Verlag: BoD – Books on Demand Norderstedt
Umschlaggestaltung, Satz und Layout: Dirk Petersen
Bibliografische Information der Deutschen Nationalbibliothek
Die Deutsche Nationalbibliothek verzeichnet diese
Publikation in der Deutschen Nationalbibliografie;
detaillierte bibliografische Daten sind im Internet
über dnb.d-nb.de abrufbar.

www.weg-arbeit.de

Vorwort

Möge der Leser sich nicht täuschen lassen, denn dies vorliegende Buch ist keine Sammlung chassidischer Erzählungen.

Es ist vielmehr eine Liebeserklärung an „eine wunderbare Blüte eines uralten Baumes". So nennt Martin Buber, der das Leben, die Lehren und das Wirken der Chassiden für die Nachwelt erzählt und gedeutet hat, die östliche Mystik des Chassidismus. Eine in der Mitte des 18. Jahrhunderts in Osteuropa stattgefundene Erneuerung des jüdischen Glaubens, die für einen Zeitraum von ungefähr 100 Jahren eine tiefe mystische Bewegung entstehen ließ.

Die Lehren der geistigen Führer der Chassiden, der Zaddikim (ihrer Rabbis), haben ihre Schüler in Form von Sprüchen, Geschichten und Legenden aufbewahrt und weiter erzählt.

Aus dieser Liebe und Faszination für diese „Verpackung" spiritueller Inhalte sind nach und nach die folgenden Erzählungen entstanden. Eines ist allen gemeinsam. Die große Freude an spirituellen Erfahrungen und Erkenntnissen und daran, diese in einer solch eigenen wunderbaren Form weiterzugeben.

Möge der Leser genau so viel Freude beim Lesen dieser Erzählungen haben, wie die Autoren beim Verfassen verspürten.

Gottes Lob

Als Rabbi Jakov noch selber ein Schüler war, hatte er sich schnell verdient gemacht. Er kannte sich in Thora und Talmud wie in seiner Manteltasche aus. Schon damals konnte er mit den Großen auf Augenhöhe mitreden. Auch war sein Herz auf dem rechten Fleck. Doch dann legte sich auf seine lichte Gestalt ein dunkler Schatten von Stolz und Hochmut. Und schon hatte er einen dieser Träume gehabt.

Da träumte er, dass Gott selbst samt vieler Engel und Cherubim in seine Stube kam. Es waren so viele, dass sie sich ziemlich drängen mussten. Jakov ben Katz fühlte sich sehr geehrt und trat vor, um Gott sein Können zu zeigen. Gar mit Ihm diskutieren wollte er! Gott hörte eine Weile zu. Dann beugte er sich zu Jakov und streichelte ganz sanft seinen Kopf. Die Engel, die hinten standen, hatten gerufen: „Was hat denn der Mensch gesagt?"

Gott wandte sich ihnen zu und verkündete: „Das Kindchen lernt gerade zu sprechen. Es hat ‚Vati' gesagt!"

Beschämt wachte Jakov ben Katz auf. Aber der Schatten war kleiner geworden.

(Ruth Finder)

Kommentar Clemens Satorius:

Schon wenige Jahre später war bei dem Schargoroder von Beschämung keine Spur mehr übrig geblieben. Die Erinnerung an seinen Traum erfüllte ihn den Rest seines Lebens mit nichts als Wärme - bis hin zu Tränen des Glücks!

Zu seiner späteren Frau Perle sagte er einmal: „Ist ein höherer Ausdruck göttlicher Geneigtheit überhaupt denkbar?"

Trauer

Als Rabbi Jakov ben Katz von Schargorod vierzehn Jahre alt war, starb sein Vater Katz ben Jehuda. Seine Mutter nahm den Tod ihres Mannes sehr schwer. Sie weinte fast jeden Tag und verbrachte viel Zeit auf dem Friedhof, wo sie abwechselnd betete und mit ihrem Mann sprach, als könne er sie hören.

Jakov war das einzige Kind seiner Eltern und zunächst kümmerte er sich nicht nur um die Dinge, um die er sich nun an Stelle seines Vaters kümmern musste, sondern auch um vieles, was zu den Aufgaben seiner Mutter gehörte. Die jedoch sank immer tiefer hinein in ihre Trauer, und obwohl Jakov sich monatelang mühte, jede anstehende Pflicht und Notwendigkeit zu erfüllen, sann er doch für sich über die Möglichkeiten zur Veränderung seiner Situation nach.

Als im Herbst eines ihrer Pferde auf der Weide starb, begann Jakov laut zu klagen, so dass die Menschen, die auf der Dorfstraße vorbeigingen, ihn hörten. Sie sahen dann, wie er versuchte, das Pferd zum Fressen zu bewegen, indem er ihm Stroh und Gras vor das Maul hielt und laut auf es einredete. Einer der Männer erbarmte sich schließlich und sprach den Jungen an: „Das Pferd ist tot, es wird nicht fressen, was denkst du?"

„Oh ja", rief Jakov, „es wird vor allem durstig sein! Ich muss ihm rasch gutes Wasser bringen."

Er sprang auf, griff sich einen Eimer und lief zum Flüsschen Muraschka hinunter, um schnell wieder mit dem Wasser zurückzukommen. Sogleich redete er das Pferdchen an, das auf der Wiese lag und sich nicht rührte. Er träufelte Wasser auf sein Maul und rief immer wieder seinen Namen.

Einige der Passanten, die die Familie kannten, wurden immer besorgter. Sie wussten, dass die Mutter auf dem Friedhof sein würde und eilten dorthin um ihr zu berichten, dass ihr Sohn verrückt geworden sei und auf welche Weise es sich äußere. Die Mutter schrak aus ihrer Trauer auf und in ihrem Schrecken lief sie schnell nach Hause, wo sie ihren Sohn fand, der inzwischen angefangen hatte, zu versuchen, das Pferd aufzurichten, indem er ihm am Kopfe zog und mit erhobener Stimme zu ihm sprach.

Die Mutter griff ihren Sohn an der Schulter und schüttelte ihn. „Was tust du, was tust du, siehst du nicht, dass das Pferd gestorben ist? Du wirst das nicht mit Futter und guten Worten ändern können. Es ist jetzt für alles Irdische unerreichbar."

Und Jakov wandte sich ihr mit leuchtenden Augen und einem seltsamen Lächeln zu: „Aber es hat hier einen Kopf und vier Beine. Wenn ich es genügend anspornen kann, kann ich es wieder zum Leben erwecken."

Da erkannte die Mutter plötzlich die Klugheit ihres Sohnes, der ja seinen lieben Vater verloren hatte und trotzdem nicht das notwendige weltliche Tun vernachlässigt hatte. Sie begriff, dass er ihr eine Lehre erteilen wollte und dass sie die letzten Monate in frucht- und nutzloser Trauer vor einem Erdhaufen und einem Stein verbracht hatte und dabei noch den einen Menschen mit allem allein gelassen hatte, der ihr am nächsten stand.

Von da an kümmerte sie sich wieder um alle Belange des Hauses, die ihr zustanden, und unterstützte ihren Sohn so gut sie es konnte, denn sie wusste, dass er einmal ein Weiser werden und den Namen seines Vaters ehren würde.

(Clemens Satorius)

Kuckuck

Einmal ging Rabbi Jakov ben Katz spazieren. Plötzlich entdeckte er im Gras an einer Böschung ein verendetes, gerade geschlüpftes Rotkehlchenküken. Er sah auf und hatte gleich ein Nest gesichtet. Nur... dort saß ein junger Kuckuck. Das große, unersättliche Geschöpf piepte laut und riss seinen Schnabel weit auf. Die Rotkehlcheneltern schafften ihm unermüdlich Futter herbei und merkten nicht, dass da ein Eindringling in ihrem Nest war, der ihr Kindlein verelenden ließ.

Ein Schatten legte sich auf des Rabbis Gesicht und er dachte bei sich: „So auch wir Menschen - wir kümmern uns irrtümlicherweise um das Wachsen und Erstarken unserer irdischen Eigensucht. Und verstehen nicht, dass das ein Fremdling ist, der unser himmlisches Kind verkümmern lässt."

(Ruth Finder)

Eine Falle zur Freiheit

Der Schargoroder bekam mit seiner steigenden Bekanntheit zunehmend auch Besuch von Leuten, die von weit her anreisten. Ohne den Zaddik zu kennen, kamen sie manchmal mit vorgefassten Meinungen, wie er denn zu sein habe - ja selbst mit festen Erwartungen, was er ihnen denn sagen würde.

Gelegentlich, wenn Jakov ben Katz erkannte, dass er nichts weiter tun konnte, erfüllte er diese Erwartungen auch. Und erstaunlicherweise zogen diese Besucher oft sehr beglückt von dannen, obwohl er ihnen nicht die Hinweise hatte geben können, die eigentlich für sie nötig gewesen wären.

Hin und wieder aber sah der Zaddik auf den ersten Blick, woran genau es einem Besucher fehlte, und dass er hier etwas bewirken konnte. Und dann lockte er solch einen Ratsuchenden auch schon mal sehr zielgerichtet in eine Falle.

Diesmal war ein chassidischer Sucher bei ihm erschienen, der viel über die nicht förderlichen Umstände seines Lebens zu klagen hatte. Er brachte diesen Umstand, jenen Punkt, einen anderen Aspekt und eine weitere Gemeinheit aufs Tapet. Und dann folgten noch ein Umstand, ein Punkt, ein Aspekt und eine Gemeinheit. Jakov ben Katz sagte jedes Mal nur nickend: „Lass es los!"

In seinem Gast stieg Gereiztheit auf. Erst wurden seine Ohren rot, schließlich, während er noch weiter die Gemeinheiten seines Lebens aufzählte, sein ganzes Gesicht. Er hatte Anteilnahme und auf den Einzelfall zugemessene Ratschläge erwartet - nicht solche Plattheiten. Schließlich platzte ihm nach einem weiteren „Lass es los" der Kragen und er sagte dem Rebbe, was er von seinen Aussagen hielt. Als dieser wiederum „Lass es los" zu ihm sagte, sprang er auf und wollte aus der Klause eilen.

Jakov ben Katz trat einen Schritt vor und hielt ihn am Mantel fest: „Halt", rief er, „du kannst doch jetzt noch nicht gehen!"

Die beiden rangen förmlich miteinander. Der Besucher zog an seinem Mantel und versuchte, die Hände des Rebben zu lösen. Dazu presste er wütend heraus: „Lass schon los! Lass schon los! Ich habe ja wohl jederzeit die Freiheit, mich aus Situationen und von Leuten zurückzuziehen, die für mich in keiner Weise hilfreich sind."

Der Schargoroder grinste, als er den Mantelzipfel fahren ließ, und sein Gast starrte ihm mit aufgerissenen Augen und wie versteinert in jähem Verstehen ins Gesicht.

Sein Leben änderte sich von da an zügig zum Besseren.

(Clemens Satorius)

Sabbat

Die Juden und auch die Chassidim hielten sich in den Ländern der Vertriebenheit gerne unter sich, und so war es auch in der Gegend um Schargorod. Da aber überall in den Ländern vorwiegend Gojim lebten, blieben auch Kontakte zu ihnen nicht gänzlich aus. Meistens waren Handel und Geschäft Grund dafür, aber manchmal gab es von Seiten eines Goi ein weitergehendes Interesse. Rabbi Jakov ben Katz war für Gespräche über fast alles jenseits seiner Geschäfte stets aufgeschlossen und eines Tages, als er auf Reisen mit einem Mann eine Landstraße entlangzog, verwickelte dieser ihn in eine Unterhaltung.

Nach einigen vorausgehenden wechselseitigen Erkundigungen über das Woher und Wohin fragte der Wanderer schließlich: „Man hört, dass eure Sabbatgebote sehr streng sind. Dass ihr recht viele Dinge nicht tun dürft. Fällt euch das nicht sehr schwer, besonders wenn viele dringende Verrichtungen anstehen?"

Ben Katz antwortete ihm darauf: „Wir sehen den Schabbes als eine eigenständige und losgelöste Sache, die man nicht mit den Tätigkeiten der anderen Tage vermischen kann und soll. Du kannst es dir vorstellen, als wenn du in einen See steigst, um dich zu reinigen, zu schwimmen und gar unterzutauchen. Währenddessen kannst du viele Dinge nicht tun, die du im Alltag tust. Dies ist aber kein Mangel des Waschens und Schwimmens, denn umgekehrt klagt ja auch wochentags keiner, dass er nicht schwimmen kann, während er kocht, schreibt oder seine Schuhe neu besohlt."

Nachdenklich nickte der Goi und fragte dann: „Welches ist aber die besondere Qualität, die den Sabbat vom Rest der Woche unterscheidet?"

„Wir erinnern uns mit dem Schabbes an die Erschaffung der Welt", sagte Reb Jakov. „Binnen sechs Tagen schuf der Höchste die Welt und machte sie vollkommen. Alles griff ineinander und lief ab, wie ein fein abgestimmtes Uhrwerk. Nur eine Schöpfung fehlte, und diese vollzog Gott am siebten Tage."

„Wie? Was mag denn dies nun sein?" rief der Wanderer erstaunt aus.

„Ganz einfach", meinte Jakov ben Katz, „es ist die Ruhe. Am siebten Tage erschuf sie der Allmächtige, indem er alle Tätigkeit ließ. So ist es auch uns geboten, von möglichst vielen Tätigkeiten abzusehen, um diese letzte Schöpfung Gottes auskosten zu lernen. Auch wenn wir völlige Ruhe aufgrund der menschlichen Begrenztheit im Gegenteil zum Herrn nicht erlangen können, so können wir sie doch zu erreichen suchen. Und unsere Gebote für den Schabbes sollen dabei nur eine Hilfe sein. Wichtiger aber als diese äußere Ruhe, das Ruhenlassen äußeren Tuns, ist für uns Chassiden das schrittweise Erreichen innerer Ruhe, einer Ruhe des Geistes und der Seele."

(Clemens Satorius)

Werden

Rabbi Jakov ben Katz besuchte, wie so oft in den letzten Wochen, wieder einmal den alten Eleasar, der krank und immer gebrechlicher werdend das Bett hüten musste. Eleasar und Jakov kannten sich seit des Rabbis Geburt und sie verband eine innige Zuneigung. Viel Zeit seines Lebens hatte der Rabbi bei seinem väterlichen Freund verbracht und viel mit ihm erlebt.

Bei jedem dieser Besuche tauschten sie gemeinsame Erinnerungen aus, lachend oder auch nachdenklich, je nach erinnertem Anlass. Doch bemerkte der Rabbi mit einer gewissen Trauer, dass Eleasar sich von Mal zu Mal weniger erinnern konnte.

Bei einem der letzten Besuche vor Eleasars Hinscheiden gab der Rabbi eine legendäre Begebenheit zum Besten, die sie beide auf dem Marktplatz von Schargorod zusammen erlebt hatten und die seitdem in ganz Schargorod bekannt war und gerne erzählt wurde. Eleasar jedoch konnte sich nicht mehr daran erinnern und auf Rabbi Jakovs Gesicht zeigte sich darob eine Traurigkeit.

Da nahm der alte Eleasar des Rabbis Hand in seine und sprach: „Mein lieber Jakov, nicht so sehr die Erinnerung an das Erlebte ist ausschlaggebend, sondern vielmehr das tatsächliche Erlebthaben und Gewordensein durch unsere Erfahrungen und Erkenntnisse."

Rabbi Jakov drückte Eleasars Hand.

(Ruth Gabriel)

Über dir

Schon in der Anfangszeit der chassidischen Bewegung entstanden Meinungsspaltungen unter einigen Zaddikim – vom Widerspruch der Jehudim aus den nicht chassidischen Gemeinden ganz zu schweigen. Jakov ben Katz von Schargorod jedoch hielt seine Schüler bei jeder passenden Gelegenheit dazu an, Aussagen anderer Lehrer immer wohlwollend und genau zu prüfen – unabhängig davon, wie diese sich selbst gegenüber den Schargorodern positionierten. Seiner Ansicht nach offenbarte sich die letztlich nicht in Worte zu fassende Wahrheit in verschiedenen Formen, Denkansätzen und Lehrgebäuden, die aber freilich teils näher, teils weniger nah an die göttliche Wirklichkeit heranreichten.

So diskutierten und erörterten er und seine Schüler auch gerne Lehrsätze und Aussagen anderer Zaddiks, Maggids und

Rabbis und ließen dabei voller Freude ihre Geister sich weiten und erheben.

Einmal brachten sie eine Aussage des Dow Bär von Mesritsch vor, der auch der große Maggid genannt wurde und Schüler von Baal Schem Tow und Lehrer von Schne'ur Salman von Liadi gewesen war. Der Lehrsatz lautete: „Wisse, was über dir ist – will sagen: wisse, dass das, was über dir ist, ganz von dir abhängt."

Einer der Schüler meinte: „Der Maggid meint damit, dass wir selbst verantwortlich sind für das, was wir über uns stellen. Der weltliche Mensch stellt Weltliches über sich. Vielleicht Besitz und Ansehen. Wer mehr hat als er selbst, den stellt er über sich. Der religiöse Mensch stellt das Bild seiner Religion von Gott und von seinen Repräsentanten auf der Welt über sich. Der spirituelle Mensch stellt das Weiteste über sich, das er zu fassen vermag – im Wissen, dass dies noch lange nicht das Ende des Fassens ist."

Jakov ben Katz nickte.

Ein anderer Schüler meinte: „Oder er meint, dass das über mir insofern von mir abhängt, dass es meiner bedarf. Gewiss schwerlich als Mangel, aber vielleicht als sehnlicher Wunsch. Darin wäre anrührend viel Schönheit."

Jakov ben Katz nickte erneut.

Ein dritter Schüler bemerkte: „Je größer unser Bewusstsein wird, je mehr wir Gott im Bewusstsein widerspiegeln, umso mehr kann ER erkannt werden. Das Bewusstsein ist ja der Bonus, den wir wieder mit nach Hause bringen. Wozu? Um Gott erkennbar zu machen, vielleicht."

Wiederum nickte Jakov ben Katz.

(Ruth Gabriel und Clemens Satorius)

Ausrichtung

Jakov ben Katz war noch ein junger Bursche, als er an einem Wintertag mit einem Nachbarsjungen auf dem Weg zur Schul war. Eben hatte es kräftig geschneit und nur noch eine breite Wiese mit frischem, unberührtem Neuschnee trennte die Knaben von ihrem Ziel. Da sagte Jakov zu dem Nachbarsjungen: „Machen wir einen Wettbewerb, wer von uns in einer geraderen Linie über die Wiese zur Schul gehen kann."

„Ach, das ist doch kinderleicht. Warte, ich gehe zuerst", so tönte der andere und begann, mit konzentriert nach unten gerichtetem Blick einen Fuß vor den anderen zu setzen. Als er auf der anderen Seite vor der Schul angekommen war, spähte er über die Wiese zurück zu dem jungen Jakov. Die Fußspur zwischen ihnen war eine ungleichmäßige Schlangenlinie.

Jakov ben Katz heftete nun seinen Blick fest auf das Schulgebäude. Dann ging er zügig los und erreichte schnell seinen Kameraden. Der schaute ihn ungläubig an, und als er selbst zurücksah, verlief seine Spur schnurgerade neben der Schlangenlinie des Nachbarsjungen.

(Clemens Satorius)

Weg-Arbeit

Eines Tages im April war der junge Jakov ben Katz wieder einmal mit dem Nachbarsjungen Eli auf dem Weg zur Schul. Es war nach einer Woche Aprilwetter mit Sturm, Hagel und Regen der erste schöne und sonnige Tag. Als die Schul in Sichtweite lag, fragte Eli: „ Du schuldest mir noch eine Revanche, Jakov. Wer zuerst in der Schul auf seinem Platz sitzt." Sprachs und sprintete los, ohne auf die Pfützen und großen Schlammlöcher zu achten.

Jakov ging langsam hintendrein, bei jedem Schritt sehr aufmerksam und darauf achtend, wohin er seinen Fuß setzte, um nicht in die Schlammlöcher zu treten oder auf dem nassen, moddrigen Boden auszurutschen.

In der Zwischenzeit war Eli bereits in der Schul angekommen. Gerade als Jakov ebenfalls das Ziel erreichte, wurde die Tür geöffnet und der Rabbi hielt mit spitzen Fingern Eli am Kragen und schickte den völlig mit Schlamm verdreckten Jungen nach Hause. Grinsend setzte sich Jakov auf seinen Platz.

(Ruth Gabriel)

Wunderglauben

Rabbi Jakov ben Katz pflegte zu sagen: „Bei Wunderglauben KOMMST du NICHT aus dem Staunen, bei dem wahren Glauben GEHST du mit Staunen."

(Ruth Finder)

Höhe

In Schargorod lebte ein anderer Rabbi, der für seine Frömmigkeit berühmt war. Den Chassidim und sich selbst kam er einem Heiligen gleich.

Jakov ben Katz benutzte hingegen auch mal ein kräftiges Wort, trank hin und wieder ein Glas Wein mehr am Neujahrsfest und benahm sich manchmal albern zur allgemeinen Belustigung. Doch er hatte eine viel größere Schülerschaft als der andere.

Jener Rabbi fragte bei einer Gelegenheit einen Chassiden, wieso sie Rabbi Jakov und nicht ihm folgen würden - sei der doch nicht immer so rechtschaffen, wie es ihm gebühre.

Der Chassid antwortete: „Unser Rabbi setzt zwar seinen Fuß manchmal auf niedrigerer Stufe an, doch er steigt immer zurück in seine Höhe. Ob das, nachdem du beispielsweise heute zu solch einer Frage herabgestiegen bist, bei dir auch geschieht, wissen wir nicht."

(Ruth Finder und Clemens Satorius)

Hüpfen

Eines Nachmittags im Frühsommer machten Perle und Rabbi ben Katz einen Spaziergang im herrlichen Sonnenschein zum Wald vor Schargorod. Schon außerhalb des Städtchens folgten sie einem schmalen Weg an einem Graben. Dort kamen sie an drei Jungen vorbei, die eifrig beschäftigt im Grase knieten. Perle und Jakov blieben neben den Burschen stehen, die sich bei ihrem Spiel nicht stören ließen.

Sie hatten mit Stöckchen drei kurze Bahnen abgesteckt und das Gras dort kurz gerupft, so gut es ging. Drei Frösche wurden an den Anfang der Bahnen vor eine Linie gesetzt und dann, nachdem die Kinder bis drei gezählt hatten, begannen sie hinter den Fröschen mit flachen Händen auf den Boden zu schlagen. Sie wollten die Frösche zu einem Wettrennen veranlassen.

Der erste Frosch hüpfte ein Stück nach vorne. Der zweite machte einen mächtigen Satz. Und der dritte blähte sich auf und presste sich an den Boden. Die Jungen schlugen weiter auf das

17

Gras hinter den Tieren ein. Der zweite Frosch war schon nach zwei Sätzen am Ziel. Der erste brauchte etwas länger. Und der dritte blieb am Boden hocken, bis ihn sein Treiber verärgert aufhob und ihn zu den anderen zehn oder zwölf Fröschen tat, die in einem halb mit Wasser gefüllten Holzeimer neben den Rennbahnen schwammen. Dann rührte er mit abgewandtem Kopf mit seiner Hand in dem Eimer und griff einen neuen Frosch. Das Spiel begann von vorne.

Perle und Jakov schlenderten mit einem leichten Lächeln weiter. Schließlich wurde Jakov ernst. Er sagte: „So wie die Frösche verhalten sich auch die Knaben und Männer in meiner Schul."

Perle sah ihn an und überlegte. Dann antwortete sie: „Manche bringen das jeweilige Stückchen Weg flink hinter sich, manche brauchen mehr Ansporn, und manche blähen sich auf, ohne überhaupt voranzukommen?"

Ben Katz nickte: „Ja, und die Letzteren werden schließlich aus dem Spiel genommen und müssen eine nicht bestimmbare Zeit auf eine neue Chance warten."

(Clemens Satorius)

Ein Leuchter

Rabbi Jakov ben Katz lebte lange Zeit mit seiner Frau Perle in großer Armut. Am Schabbesabend steckte seine Frau die Kerzen in einen Leuchter aus Lehm, den sie selber geknetet hatte. Später wurden sie wohlhabend. An einem solchen Abend sah der Rabbi, als er, vom Bethaus heimkehrend, die Stube betrat, wie Perle mit Freude den alten Lehmleuchter mit den Schabbeskerzen vorbereitete. „Uns ist jetzt hell", sagte er, „wie uns damals hell gewesen." (in Erinnerung an Rabbi Mosche Chajim Efraim)

(Clemens Satorius)

Auf sich beziehen

Einige Schüler waren bei Rabbi Jakov ben Katz zu Besuch. Einer sprach für sie alle: „Rabbi, bitte erzähle uns eine deiner Geschichten. Wie treffend Du doch aufzeigst, woran die Welt krankt!"

„Aber nein, meine Freunde!", rief Jakov ben Katz aus. „Die Geschichten erzähle ich, um mich zu erinnern, woran es mir selber mangelt!"

(Ruth Finder)

In guter Absicht oder Das Fangen der Schlange

Rabbi Jakov ben Katz ging mit einem seiner Schüler durch die kleinen Gassen von Schargorod. Sie waren auf dem Weg zur Schul.

Unterwegs gerieten sie in eine kleine Gruppe lautstark streitender Männer. Der Streit hatte sie bereits dermaßen erhitzt, dass es zu Handgreiflichkeiten kam.

Rabbi Jakovs Schüler fühlte sich berufen, die Gemüter zu beruhigen und den Männern zu einer guten friedlichen Lösung zu verhelfen. In diesem Sinne trat er auf sie zu und rief: „Meine Brüder, beruhigt euch! Statt euch vor Zorn zu erhitzen, solltet ihr mit Vernunft an die Sache herangehen."

19

Bevor er weiter sprechen konnte, wurde er in dem Tumult niedergeschlagen.

Benommen raffte er sich auf und mit Unterstützung des Rabbis gingen sie in das nahegelegene Gasthaus. Der Schüler war ob dieses Vorfalles und der völlig uneinsichtigen und unverständigen Männer sehr aufgebracht und erschüttert. Rabbi Jakov ließ ihm ein großes Glas frischen kalten Wassers bringen und gab ihm Zeit, seine Kleidung zu ordnen, bevor er anfing zu sprechen: „Mein Sohn, mit einem für Vernunft nicht zugänglichen und aufgebrachten Menschen ist es in etwa so wie mit einer giftigen Schlange, die sich in deinen Schlafraum verirrt hat. Niemals käme dir in den Sinn, ihr mit noch so guten Worten zu vermitteln, wie sich ihre Situation verbessern ließe.

Du würdest einfach dafür Sorge tragen, dass ihr giftiger Biss dich nicht verletzten kann, indem du sie überraschst und das Überraschungsmoment dafür nutzt, sie einzufangen und wieder in die Freiheit zu entlassen."

Der Schüler sah zuerst seine unter dem Vorfall gelittene Kleidung und dann den Rabbi an und nickte.

Wochen später, als der Rabbi erneut mit seinem Schüler unterwegs war - diesmal schlenderten sie über den Markt von Schargorod -, wurden sie Zeugen einer bereits stark fortgeschrittenen Auseinandersetzung zwischen einem Händler und drei seiner Kunden, die Gefahr lief, in Tätlichkeiten zu enden. Da alle Beteiligten sich in Größe, Kraft und Zorn in nichts nachstanden, wären die Folgen beachtlich.

Grund für den lautstarken Streit waren die nach Meinung der Kundschaft viel zu hohen Preise für die Waren. Sie warfen dem Händler Wucher vor, und dass er sich an ihnen schändlich bereichern würde. Im Gegenzug schrie der Händler seine Kunden an, sie seien Kriminelle, die seine gute Ware zu einem lächerlich geringen Preis ihm abzupressen suchten. Kurz bevor der Streit tatsächlich in Tätlichkeiten gipfeln konnte, rief des Rabbis Schüler plötzlich: „Oh weh! Der Büttel naht. Er steht schon an des Marktes Rand."

Der Büttel war bekannt dafür, dass er bei Streitigkeiten gerne sehr locker mit dem Holzprügel umging und dabei wenig Platz für Erklärungen ließ.

Erschrocken hielten die Streithähne inne, schauten sich an und schlossen rasch den Handel zu aller Zufriedenheit ab. Bevor sie eilig auseinanderlaufen konnten, sprach der Schüler: „Wie schnell sich doch die Vernunft ihren Weg bahnen kann, wenn dem Menschen ein noch größeres Unheil droht als das, was ihm vermeintlich geschieht."

Belustigt schaute Rabbi ben Katz seinen Schüler an und stellte fest: „Wie sicher du die Schlange überwältigen und ihr die Freiheit bringen kannst."

Während des ganzen Tages schwand das fröhliche Grinsen des Schülers nicht mehr von seinem Gesicht.

(Ruth Gabriel)

Mangel

Was ist der Anfang des Weges?" fragte einer aus der Gruppe neuer Schüler den Rabbi von Schargorod.

Der gab zur Antwort: „Der Anfang hat viele Namen: Entbehrung, Fehler, Leid, Mangel, Abwesenheit von etwas. Wenn wir diese spüren, werden wir uns gewahr, dass wir getrennt von unserem Ursprung sind. Wäre dies nicht so, wozu sollten wir uns auf den Weg machen? Dann werden in uns Kräfte wach, die uns das Fehlen von etwas Wesentlichem überwinden helfen, damit wir wieder zu unserer wahren Natur finden. So schließt sich der Kreis. Also ist Mangel aller Bemühung Anfang."

Ein junger Schüler sprang auf und sagte aufgeregt: „Dann ist es doch wahr, was die Leute erzählen!"

Der Rabbi nickte und bat den Schüler weiter zu reden.

„Vor langer Zeit haben Kaufleute aus dem Osten anderen Händlern davon erzählt, die haben das an ihre Kunden weiter gegeben, die haben das unter sich erzählt und so weiter. Jizhak hat das Jehuda berichtet und ich habe dann von ihm erfahren, dass es in India einen weisen Rabbi gab. Als junger Mann lebte dieser im Überfluss und seiner Familie mangelte es an nichts. Er dachte, seine Umgebung sei der Himmel auf Erden. Bis er eines Tages dem Leid anderer Leute begegnete und danach auch selber Leid erfahren hat. Tiefe Sehnsucht nach Befreiung hat ihm die notwendige Kraft gegeben, den Weg der Verwandlung bis zur endgültigen Vereinigung mit dem Höchsten zu gehen. Er hat das vollbracht – der Kreis war geschlossen."

Da wusste Jakov ben Katz Bescheid, fragte den Schüler aber dennoch, wie der Mann hieße.

Er antwortete: „ Vielleicht habt Ihr den Namen schon gehört – Siddat ben Gautam von Shakyamun."

Der Rabbi musste sich einen kurzen Moment zurückhalten, um nicht vor Lachen loszuprusten, sagte dann aber ernst: „Ja, er war ein großer Zaddik."

(Ruth Finder)

Quelle

Drei Pilger kamen auf ihrer Wanderschaft in die Stadt Schargorod. Nach der geistigen Autorität fragend, wurden sie über den Rabbi Jakov ben Katz unterrichtet und in seine Schul verwiesen. Dort angekommen, konnten sie sogleich einige Lehrreden des Rabbi vernehmen. Als Jakov ben Katz die Schul am späten Abend verließ, standen die Männer immer noch da und warteten geduldig auf ihn.

„Rabbi", sagte der eine, „durch viele Gegenden sind wir gewandert und vielen Predigern haben wir zugehört. Bei manchen sind die Worte wie Gift voller Vorurteile und Hochmut und ihre Gedanken und Taten sind unrein, als ob sie aus einem Sumpf durchgesickert sind. Bei den anderen wie dir sind die Worte voller Hoffnung und Güte und die Gedanken und Taten sind rein, als ob sie einer klaren lebendigen Quelle entsprungen sind. Kannst du uns aufzeigen, aus welcher Quelle du schöpfst und welcher Natur ihr Inhalt ist?"

Der Rabbi sagte: „Es ist schon spät. Seid heute Nacht meine Gäste. Morgen werdet ihr es erfahren."

Nach dem Sonnenaufgang nahm der Rabbi die Pilger zu einem Ausflug mit. Sie besuchten zwei Bauernhöfe. Die Bauern hatten gerade Weizenernte eingefahren.

Der eine Bauer mahlte seinen Weizen und buk daraus Brot, das viele Familien ernährte und die Leute am Tisch zusammenbrachte. Der andere aber brannte aus seinen Körnern Schnaps, der viele Familien zerstörte und viel Leid über Leute brachte.

„Versteht ihr jetzt?" fragte der Rabbi die Pilger. Er blickte in immer noch fragende Gesichter.

„Es gibt nur eine Quelle der Schöpfung - unseres Vaters Reich. Und ihr Stoff - die schöpferische Kraft und ihre Impulse - ist für alle da und gleich. Es liegt an uns, wie und wofür wir ihn in unserer Freiheit verwenden."

(Ruth Finder)

Das Falsche

Ein Chassid kam zu Rabbi Jakov ben Katz von Schargorod und fragte nach seiner Hilfe: „Rabbi, mein Gewissen lastet schwer auf mir: All die schlechten Gewohnheiten, all die Verirrungen und Verfehlungen. Ich bin ratlos und es fällt mir schwer, das Wahre zu sehen. Sag mir, was ich erlangen sollte, um zügiger meinen Weg beschreiten zu können!"

Der Rabbi sagte schlicht: „Lassen! Versuche das Falsche zu lassen."

Der Chassid schrie auf: „Rabbi, Ihr spottet meiner! Von ganz weit weg habe ich Euch aufgesucht und gehofft, die Fülle zu erhalten, aber Ihr gebt mir nichts."

Der Reb antwortete: „Ich möchte dir ein Gleichnis erzählen. Wenn du dann immer noch denkst, dass ich dein Anliegen nicht ernst genommen habe, erstatte ich dir alle Reisekosten und entschuldige mich."

Der Mann willigte ein.

„Ein Jude, tief gebeugt von der Last seines Brustbeutels, kam mit Hilfe eines Engels an Gottes Thron vorbei. In dem Beutel waren seine Sünden, die er vor sich her schleppte und die ihn kaum noch den Weg erkennen ließen, so dass der Mann wie ein Sehbehinderter taumelte. Gott fragte den Mann, was er begehre. Der Jude flehte den Allmächtigen an, dass er ihm ganz viele Tugenden in seinen Rucksack lege, damit er sich Dank des Gegengewichts endlich aufrichten und dann mit klarerer Sicht weitergehen könne. Voller Erbarmen griff Gott in den Brustbeutel des Juden hinein und schmiss ein paar blinde Flecken heraus – so konnte der Mann seinen Herren etwas besser sehen – und sagte: „Jetzt muss du selber versuchen, deine Lasten wegzuwerfen, dann kannst du gerader gehen, den Weg erkennen und das Richtige tun."

Als der Chassid die Geschichte zu Ende gehört hatte, verbeugte er sich vor dem Rabbi und ging nach Hause.

(Ruth Finder)

Fragen stellen

Nach einer Lehrstunde bildete sich wie immer eine Traube Schüler um den Rabbi Jakov ben Katz, um ihm - mit seiner Erlaubnis - ein paar Fragen vorzulegen.

Einer fragte: „Rabbi, wie soll ich beten?"

Der Rabbi sagte: „Wie du beten sollst, vermag ich dir nicht beizubringen, denn jeder hat seine eigene Zwiesprache mit unserem Gottvater."

Der Schüler dann: „Wie erlerne ich diese Sprache?"

Der Rabbi antwortete: „Nur so viel: Jeder suche sie nach seinem Verständnis und seinen Neigungen zu entwickeln und zu benutzen."

Der Schüler ließ nicht locker: „Aber werde ich von Ihm erhört?"

Der Rabbi geduldig: „Auch das kann ich dir nicht sagen, denn das ist hier in der Hand Gottes."

Der Schüler beklagte sich umgehend: „Rabbi, ich habe Fragen vorgebracht und keine Antworten bekommen: Ich bin jetzt noch verwirrter als zuvor!"

Der Rabbi erwiderte: „Es macht einen Unterschied, ob man Fragen stellt oder Antworten erwartet. Mit richtiger Haltung Fragen zu stellen, bedeutet, die Ungewissheit annehmen und anfangen, in sich Antworten zu suchen, denn es gibt keine Gewissheit."

(Ruth Finder)

Ziel und Form

Einmal hatte sich eine Gruppe von Besuchern - von weit her kommend - im Schulhause zusammengefunden. Ein Schüler, der mit der Versorgung der Gäste beauftragt gewesen war, hatte dem Zaddik von Schargorod berichtet, dass es unter ihnen einen Disput darüber gab, ob man vor allem um das Erreichen der Ziele ringen solle oder aber sich auf die rechte Art des Beschreitens des Weges dorthin konzentrieren müsse.

Als Jakov ben Katz schließlich vor sie trat, erzählte er ihnen das Folgende: „Stellt euch einmal vor, dass es neben einem Feld einen breiten Graben gab. Zwei Jungen, die dort miteinander spielten, wollten sich darin messen, wer von ihnen wohl über den Graben springen könnte. Der erste war von großer körperlicher Geschicklichkeit und beherrschte zahlreiche Tricks. Er konnte auf den Händen gehen, auf dem Brückengeländer balancieren oder auch im Sommer von selbiger Brücke mit einem form-vollendeten Kopfsprung in das tiefe Wasser des Flusses springen, den die Brücke überspannte. Nun wollte er als erster den Sprung wagen. Er lief mit federnden Schritten auf die Grabenkante zu, trat genau auf den Rand, löste sich mit einem eleganten Satz vom diesseitigen Ufer und landete leichtfüßig auf der anderen Seite. Dann verlor er sein Gleichgewicht und kippte rückwärts in das schlammige Wasser. Durchnässt und dreckig kletterte er wieder aus dem Graben heraus.

Der andere Bursche lachte und lachte, und schließlich stimmte auch der erste Junge in das Gelächter ein. Darauf rannte sogleich der andere Junge auf den Graben zu - ungelenk und mit den Armen schlenkernd. Er hüpfte los wie ein Äffchen, zappelte in der Luft mit Armen und Beinen und landete strauchelnd auf der anderen Seite, machte noch ein paar Schritte und hatte es grinsend geschafft...

Mit Menschenmaß gemessen würde jeder auf den ersten Blick sagen, der Zweite hätte es besser gemacht. Immerhin hatte er sein Ziel erreicht. Doch schon nach kurzem Nachdenken erkennen wir, dass es nicht nur darauf ankommt, ein Ziel zu erreichen. Sonst wäre es ja auch egal, wie ein Mann seine Familie ernährt. Ob durch ehrliche Arbeit oder durch Raub. Sehen wir die Dinge zudem spirituell, dann erkennen wir, dass wir unsere chassidischen Ziele durch schlechtes oder falsches Bemühen unmöglich erreichen können. Diese Art Gräben sind in falscher innerer und äußerer Haltung nicht zu überspringen, und insofern würde ich sagen, der erste Junge hat den richtigen Weg gewählt. Auch wenn er vorerst noch nicht ganz an seinem eigentlichen Ziel angekommen ist.

Wer dies nicht als richtig erkennt, mag sich morgen früh auf den Heimweg machen. Die anderen möchte ich mit der richtigen Haltung gegen neun Uhr hier sehen."

Und damit verließ er umgehend die Schul.

(Clemens Satorius)

Kiefernzapfen

In der Schargoroder Umgebung gab es einen Kartenspieler, der wegen seiner Spielsucht viele Schulden angehäuft hatte. Seine geschickteren Spielgesellen verlangten von ihm bald mit ziemlichem Nachdruck, den Rückstand zu begleichen. In die Enge getrieben kam ihm nichts anderes in den Sinn, als nachts in das Bethaus der Schargoroder Gemeinde einzubrechen.

„Eine goldene Menora wird mir schon aus meiner Not heraushelfen!" so dachte er bei sich.

Der Ganove hatte eine mondlose Nacht abgewartet und sich in das kleine Häuschen eingeschlichen. Seine Enttäuschung war aber sehr groß gewesen, als er nichts anderes außer nüchternen Bänken und Tischen vorgefunden hatte. Und... einen Kiefernzapfen auf des Rabbis Lesepult!

Nun wollte der Mann nicht so schnell aufgeben. „Vielleicht nimmt der Rabbi jeden Abend die kostbaren Dinge zu sich nach Hause und morgens stehen sie wieder im Bethaus? Ich komme morgen nochmal, und wenn keiner etwas merkt...", so überlegte er.

Schon in der Früh zum ersten Gebet kam er leise herein. Der Augenblick war günstig, denn der Rabbi und seine Schüler waren in die Anrufung Gottes vertieft. Als aber der Kartenspieler wieder nur die nüchterne Einrichtung und den Kiefernzapfen sah, stürmte er wütend zu des Rabbis Pult, schmiss den Zapfen zu Boden und zertrat ihn auf der Stelle. Wärend er hinauslief, wollten die empörten Schüler ihn festhalten. Aber Rabbi Jakov ben Katz gab ihnen ein Zeichen und ließ den Mann ziehen.

Es vergingen viele Jahre. Der Spielsuchtgeplagte hatte mal Glück, mal Pech. Irgendwann landete er für lange Zeit im Zuchthaus. Wieder draußen war er mittellos, mutterseelenallein und aller Illusionen ledig. Seine Seele litt Not und sein Herz war zerbrochen. Aber die Gnade war mit ihm, denn im Läuterungsfeuer fand er zu Gott. Mit seinem ganzen Herzen glaubte er an den Herrn und sein Vertrauen war groß.

An einem heißen Sommer brannten um Schargorod herum die Wälder. Eine breite Feuerwalze fraß sich durch die Tannen, Kiefern und Birken. Die Rauchwolke war gar von Weitem zu sehen. Der frühere Kartenspieler - der Geläuterte - fuhr alsbald nach Schargorod. Er war plötzlich voller Sorgen, dass Rabbi Jakov und seiner Gemeinde etwas zustoßen könnte. Zu seiner Erleichterung hatte das Feuer nicht auf die Häuser übergegriffen.

Er ging direkt zum Bethaus und fand dort den Rabbi mit einigen jüngeren Schülern vor. Der Rabbi hielt in der Hand wieder einen verrußten, aufgespreizten... Kiefernzapfen! Er musste ihn wohl im vom Feuer verwüsteten Wald aufgelesen haben.

Als der Mann das sah, lief er auf Rabbi Jakov zu, fiel auf die Knie und bat ihn um Verzeihung für damals. Dann erzählte er von Glück und Pech, von Gefängnis und Einsamkeit, von verlorenen Illusionen und von seinem Herzen wie eine offene Wunde, und davon, wie Licht und Hitze der Läuterung in diese Wunde eindrangen, sie ganzheitlich heilten und ihm ein neues Leben schenkten.

Er rief nochmal zum Rabbi aufschauend: „Rabbi! Vergib mir meine Schuld!"

Rabbi Jakov aber fasste den Mann an die Schulter und erwiderte: „Mein Sohn, Du hast grade deine Schuldigkeit abgetan."

Dieser sagte: „Rabbi, ich verstehe nicht wie!"

Da antwortete der Schargoroder: „Als Du reinkamst, zeigte ich den Neulingen hier diesen Kiefernzapfen. Solch ein Zapfen ist manchmal so fest verschlossen und mit Harz verklebt, dass erst die Hitze eines Feuers ihn öffnen kann und so die Samen freigesetzt werden. Erst dann - aufgebrochen - erfüllt er seinen Sinn ganz und gar. Und neues Leben entsteht. Deswegen halte ich einen Kiefernzapfen für ein Symbol unseres Herzens. Warum? Das wollte ich auch erklären. Gut, dass Du das eben getan hast."

(Ruth Finder)

Lesen

Bei einer Feier saß der Reb von Schargorod mit seinen Freunden beim Essen. Die Tischgespräche gingen in diese und in jene

Richtung und schließlich wurde Jakov ben Katz gebeten, eine Geschichte aus der Zeit zu erzählen, als er als junger Mann mit geschäftlichen Aufträgen umherreisen musste. Jakov ben Katz erkannte die Gelegenheit, sowohl den Wunsch seiner Freunde zu erfüllen, als auch zum wiederholten Male eine Botschaft zu übermitteln.

„Als ich einmal in Italien war", hob er an, „hörte ich in einem Gasthaus eine lokale Fabel. Ein Fuchs und ein Wolf trafen in einem tiefen Wald auf einen entlaufenen Esel. Solch ein Tier hatten sie nie zuvor gesehen und sie waren unsicher, wie sie sich verhalten sollten. Schließlich entschieden sie, dass sie das Tier erst einmal nach seinem Namen fragen sollten. Das taten sie und der Esel antwortete: ‚Der Name ist so lang, dass ich ihn mir nie recht merken kann, aber er steht auf meinem rechten Hinterhuf geschrieben.'

Er hob seinen rechten Hinterlauf und sagte: ‚Wer will lesen?'

Der Wolf stieß den Fuchs an, aber der schüttelte den Kopf und sagte, er sei des Lesens nicht mächtig. Und so ging der Wolf hinter den Esel und versuchte, den Namen zu entziffern, wo er die eisernen Hufnägel sehen konnte. Dann meinte er zum Esel: ‚Ich kann nichts erkennen. Wo steht denn dein Name?'

Der Esel antwortete: ‚Der Name ist recht klein geschrieben. Komm etwas näher heran, dann wirst du ihn sehen können.'

Der Wolf machte einen Schritt nach vorn und der Esel holte blitzschnell aus und trat dem Wolf so kräftig zwischen die Augen, dass er sofort tot liegenblieb.

Der Fuchs sprach: ‚Nur weil man lesen kann, ist man noch lange nicht klug.' Und dann rannte er eilig davon."

Die Freunde von Jakov ben Katz lachten und nickten, und der Reb fügte hinzu: „Man ist aber auch nicht zwingend klug, wenn man NICHT lesen kann. Man kann aber lesen können und trotzdem klug sein. Wir wissen nicht, wie es sich bei dem Fuchs verhielt. Bei dem Esel wiederum wissen wir, dass er ZWINGEND klug war – nicht aber, ob er lesen konnte."

Da gerieten alle für ein Weilchen in nachdenkliche Stimmung.

(Clemens Satorius)

Eine kurze Geschichte

Eines Abends saß Rabbi ben Katz auf der Bank vor seinem Haus. Es war dunkel geworden, als sich ihm ein Nachbar mit einer hell leuchtenden Laterne in der Hand näherte. Der Mann vermochte sich die Gelegenheit nicht entgehen zu lassen und fragte den Rabbi, ob er ihm eine seiner allseits beliebten und lehrreichen Geschichten erzähle. Der Reb nickte dankend ob des Lobes und sagte: „Perle hat mich gerade gerufen, aber für eine kurze Geschichte hab ich Zeit: Ein Skarabäus hat zwei Würmer einen faulen Apfel fressen sehen. ‚Wie unappetitlich!‘, dachte er bei sich und schob seine Mistkugel weiter."

(Ruth Finder)

Ersparnis

Der Bürgermeister von Schargorod bot jedem Bewohner des Städtchens eine Belohnung von drei Goldstücken, der einen Vorschlag einbringen würde, welcher der Gemeinde helfen würde, Geld zu sparen. Jakov ben Katz hatte einen Vorschlag: „Streichen Sie die Belohnung!"

Da er alle Bedingungen erfüllt hatte, erhielt er umgehend seine drei Goldstücke.

(Clemens Satorius)

Geschickter Weinberg

Obwohl die Chassidim in Schargorod ein hartes Leben mit vielen Mühen lebten, fanden sie doch auch Zeit zum Feiern. Dabei saßen sie einmal zusammen und sprachen nach dem Essen über die Fabel vom Fuchs, der in einen ummauerten Weinberg gelangen wollte, um dort die süßen Trauben verzehren zu können.

In der Geschichte fand sich nur ein so kleiner Spalt in der Mauer, dass der Fuchs drei Tage fasten musste, bevor er hineingelangen konnte. Drinnen schlug er sich dann mehrfach den Bauch voll und genoss das lustvolle Fressen. Als er aber schließlich hinaus wollte, passte er wieder nicht durch den Spalt und musste erneut lange hungern, bis er den Weinberg verlassen konnte. Draußen verfluchte er den ummauerten Garten, weil man nur genauso ausgehungert herauskönne, wie man hineingelange - er also letztlich zu nichts nütze sei.

Jakov ben Katz fragte seine Chassidim nach möglichen Deutungen der Fabel, blickte alle an und wartete gespannt...

Kommentar Ruth Gabriel:
Der kleine Schneur, ein sehr schmächtiger und schüchterner Junge, hustete leise, bevor er anfing zu sprechen: „Rebbe, vielleicht kann die Geschichte so verstanden werden, dass wir so, wie wir in die Welt hineingehen sie auch wieder verlassen müssen. Wir können nichts mitnehmen, außer dem Geschmack

der süßen Trauben. Diese entsprechen unseren Erfahrungen und dem, was wir auf unserem und durch unseren Weg gelernt haben. Der arme Fuchs. Er weiß davon noch nichts und ist deshalb voller Grimm."

(Clemens Satorius)

Kommentar Clemens Satorius:

Der alte Moishe nickte nach diesen Worten vor sich hin. Dann begann auch er zu reden: „Der Fuchs steht hier für das unentwickelte Höhere Selbst. Er muss drei Tage fasten, um durch den schmalen Spalt in dem Weinberg zu gelangen. Das heißt: Er muss sich über drei Ebenen (noetisch, psychisch, grobstofflich) energetisch herunterschrauben, um aus der göttlichen Gegenwart heraus in den Trennungswelten Fleisch zu werden. Dort folgt er zunächst gänzlich ungehemmt seinen animalischen Impulsen.

Am Ende seiner Zeit im Weinberg, als der Fuchs wieder hinaus wollte - es also für das fleischgewordene Selbst ans Sterben ging -, musste er wieder fasten. Er musste allen „Gewinn", den er aus dem zügellosen Leben in den Trennungswelten gezogen hatte, aufgrund seiner weltbedingten Unbeständigkeit aufgeben, loslassen und beim Auszug aus dem Fleisch über den Rückzug aus den drei Ebenen sogar die Erinnerung an sie zurücklassen.

Dem Fuchs scheint es dann außerhalb des Weinberges (der Trennungswelten) aus seiner Perspektive als sinnlos, überhaupt im Weinberg gewesen zu sein. Das Höhere Selbst hat allerdings den göttlichen Vertrag für seine angestrebte Verwandlung schon unterschrieben und wird wieder und wieder in den Weinberg hineinmüssen, bevor es ihm ein Dürfen wird.

Und nach und nach wird das Höhere Selbst aus diesen In-karnationen auch bleibende Gewinne mitnehmen, die freilich nicht über die animalische Ebene der Alltagspersönlichkeit als dauerhafte Genüsse angelegt sind, sondern in der Veränderung des Höheren Selbstes bestehen: Individuation, Bewusstwerdung als Höheres Selbst, Meisterung der Trennungswelten im Sinne einer zunehmenden Beherrschung ihrer Gesetze, zunehmende Freiheit."

Dann brummelte Moishe noch ein wenig, nickte wieder und blickte versonnen auf die Tischplatte.

Kommentar Ruth Finder:

Levi saß mit rotem Kopf in der Ecke. Das entging dem Rabbi nicht. Von ihm darauf angesprochen, sprudelte es nur so aus dem jungen Mann heraus:

„Oh, dieser Fuchs! Als ob ich mir mich selbst angeschaut habe! Man hat doch alles, was man braucht, trotzdem schielt man immer auf etwas und begehrt es, und tut alles, um dieses auch zu kriegen. Da aber das Begehrte einem nicht zusteht, tut man das oft auf verstohlene Weise. Und bekommt man das Erwünschte, dann kriegt man nicht genug davon, und nimmt unentwegt ohne Sinn und Verstand. Und wird man in seiner Unbeständigkeit und Beschränktheit dessen überdrüssig, sucht man etwas anderes oder wieder das Alte, und lässt dafür alles fahren und schimpft undankbar auf das davor Willkommene und sieht keinen Nutzen mehr darin.

Unbeständigkeit, Begierde, Unehrlichkeit, Maßlosigkeit, Undankbarkeit, Unbelehrbarkeit - Gott allmächtiger, bewahre!"

Kommentar Ruth Finder:

Da seufzte Jaakob, der schon länger bei dem Rabbi in die Lehre ging, und sagte:

„Der arme Fuchs! Durch Gnade und etwas eigenes Zutun hatte er was Besonderes erlebt und wusste am Ende nichts damit anzufangen!

Wie oft kehren wir mit dem neu Gewonnenen zu den alten, dafür zu eng gewordenen Bahnen zurück - dies geschieht aber nicht ohne dieses Neue arg zu beschneiden, es verblasst und es wird nicht angewandt - statt uns mit Hilfe dessen auf die Suche nach anderen, breiteren, dem neu gekosteten Zustand entsprechend würdigeren Wegen aufzumachen!"

Kommentar Jonas:
Und irgendwann, nach unzählbaren Runden des Durchzwängens durch die Mauer, des lustvollen Fressens im Weingarten und des abgemagerten Verlassens desselben, erkennt der Fuchs, dass es ihm möglich ist, auch direkt über die Mauer zu springen und so jederzeit in den Weinberg hinein- und herauszuwechseln. Es geht ihm dann aber nicht mehr um die süßen Trauben, von denen er sich mittlerweile schon abgegessen hat. Es sind die anderen Füchse, die sich im Weingarten befinden, denen er helfen will und die er ermutigt, andere Wege zu gehen.

Kommentar Ruth Finder:
Von dem „fruchtigen" Gesprächsthema nichts ahnend, brachte Perle eine Schüssel Trauben aus dem eigenen Garten in die Schul vorbei. Auf einmal herrschte ein betretenes Schweigen in der Runde und keiner der Schüler traute sich von den saftigen Früchten zu kosten.
Perle wandte sich dem Rabbi zu und fragte ihn misstrauisch: „Jakov, du alter Fuchs! Was hast du denn hier wieder alles erzählt?"
Kurze Pause und dann... ging das erlösende Gelächter los und das freudvolle Naschen begann.

Kommentar Simon:

Nach endlosem Hin und Her, hielt der Fuchs inne, verdrehte die Augen und lachte in sich hinein, denn er wusste nicht mehr mit Bestimmtheit zu sagen, bin ich jetzt der Fuchs oder der Weinberg.

Einfache Dinge

Ein Pilger kam eines lauen Augustabends am Haus des Schargoroder Rabbis vorbei. Schon aus der Entfernung hörte er seine lobende, ja, begeisterte Stimme - lauter „Mmms" und „Ohs" und „Ahs". Und hatte er richtig gehört? Unbefangenes Schmatzen und Schlürfen?! Da packte ihn eine unüberwindbare Neugier: Er duckte sich und schlich so - wie er dachte - unbemerkt an das Fenster heran, aus dem er diese seltsamen Geräusche vernommen hatte. Da schaute er direkt in die Stube des Rebben herein. Beiläufig registrierte er in einem kleinen, offenen Geräteschuppen ein paar Gartenutensilien, welche noch mit frischer Erde bedeckt waren - die beiden Hausleute unterhielten einen kleinen Garten, der sie mit ein wenig heimischem Gemüse, Kräutern, Obst und Beeren versorgte.

Am gedeckten Tische saßen Rabbi Jakov und seine Frau Perle. Jetzt konnte der Neugierige ganz klar die Worte des Rebben vernehmen.

„...Jedes Mal ist deine Kochkunst eine Überraschung. So lecker und eine Augenweide zugleich - dunkelrot, gelb, zartgrün! Alles dampft und duftet, in einen Kräutermantel gehüllt. Und diese weißen, schwarzgesprenkelten handverlesenen Bohnen-Perlen mit ihren saftigen vielschichtigen Begleitern in einer wohlschmeckenden Sauce eingebettet!"

Und so ging es weiter, als die Hausherrin den Nachtisch anbot: „Wie saftig und farbenfroh, Bernstein und Purpur gleich, sind doch diese Früchte!" Perle nickte lachend.

Unser Späher vor dem Fenster glaubte seinen Augen nicht: Nach so viel offenbarter Wonne könnte man denken, Rabbi und seine Frau hätten exotische Speisen aus Übersee oder von sonst woher vor sich auf dem Tisch gehabt.

„He?! Das sind doch nur Rote Beete und Steckrüben, Erdknollen und tränentreibende Zwiebeln, Stangenbohnen und Kohl und gewöhnliches Grünzeug, dazu noch Zwetschgen und sonst was?! Nichts Besonderes - wirklich etwas gaaanz Gewöhnliches!", dachte er bei sich.

In diesem Moment drehte sich der Schargoroder Rabbi zu dem Mann um und sagte zu ihm: „Aber gerade die einfachen Dinge sind etwas Besonderes und erfreuen unsere Sinne und unseren Geist!

Komm herein, Reisender, und speise mit uns!"
(Ruth Finder, R.G. gewidmet ^^)

Der Tanz

Es wurde unter den Chassidim davon gesprochen, dass Rabbi Jakov die Kunst des meisterlichen Tanzes beherrsche. Er sei derjenige, der mit dem Teufel tanze: Ungeachtet dessen, ob der gehörnte Grobian aus dem Takt gerate, den Rabbi zu fest an sich drücke, dazwischen grätsche oder ihm auf die Füße trete, wisse der Zaddik ihn zu bändigen und den Tanz elegant fortzuführen. Es wurde auch achtungsvoll geflüstert, der Allmächtige selbst sei sein Tanzlehrer.

(Ruth Finder)

Möblierung

Rabbi Jakov ben Katz feierte gerne „eine Tafel" - einen großen, reichhaltig für eine festliche Mahlzeit gedeckten Tisch – als Bild für die Güte Gottes: Dabei standen die erlesenen Speisen und Tränke für die Tugenden.

„Aber auch der Teufel hat sein Lieblings-Möbelstück", fügte der Schargoroder stets spitzbübisch hinzu.

Auf die Frage, was das denn sei, antwortete er: „Die lange Bank!"

(Ruth Finder)

Manchmal

Manchmal erzählte Rabbi Jakov ben Katz Geschichten, da schüttelte man nur mit dem Kopf: „Was soll das Ganze!? Was war denn damit gemeint!?" Aber der Rebbe saß einfach geduldig da und wartete mit zur Seite geneigtem Kopf und einem versteckten Lächeln im Bart, ob jemand aus seiner Schülerschaft den Faden aufnehme.

So auch diesmal.

Der Rabbi berichtete von dieser Geschichte: „Ein Jehudi der alten Tage hatte zwei Frauen, eine junge und eine alte. Wenn er bei der Jungen lag und schlief, dann zupfte sie ihm immer die weißen Haare aus dem Bart. Lag er bei der Alten und schlief, dann zupfte die ihm jeweils die schwarzen Haare aus dem Bart. Zuletzt war der Mann ganz kahl im Gesicht."

Stirnen wurden gerunzelt, Seufzer und Ratlosigkeit, gegenseitiges fragendes Ankucken. Manch einer rollte heimlich mit den Augen.

Der Rabbi wartete.

Nach einer Weile bemerkte der Rabbi, dass einer mit erhelltem Blick zu ihm aufsah.

Jakov ben Katz nickte dem Schüler zu.

Das war die Antwort: „Wenn jeder auf seinem Willen und seinem Dünkel", der Schüler sprach mit einer besonderen Betonung weiter, „beHA-A-Rrt, dann gehen am Ende alle leer aus."

„Der Anfang ist gemacht", sagte der Rabbi und schaute freundlich in die Runde.

(Ruth Finder)

Zwei Bettler

Beizeiten mischte sich der Schargoroder Rabbi unerkannt auf dem Wochenmarkt unters Volk und beobachtete mit großem Interesse das bunte Treiben. Manchmal war er dabei auch als ein Bettler verkleidet. Das Geld, das in seinem Hut landete, spendete er den Armen seiner Gemeinde.

Diesmal, als er sich wieder an einer belebten Ecke des Marktes niederließ, saß ihm ein Bettler gegenüber, der haupsächlich mit Almosen seinen Lebensunterhalt bestritt. Das Geschäft lief für diesen nicht so gut: Leute gaben ihm bestenfalls ein paar kleine Münzen, die meisten gingen hastig - ohne den Armen auch nur anzusehen - vorbei. Bei dem Rabbi hingegen waren die Leute viel spendierfreudiger. Und auch die, die nichts für ihn hatten, nickten ihm freundlich zu. Das Gesicht seines Bettelbruders wurde grimmiger und grimmiger.

Und dann konnte der Rabbi dies verfolgen: Ein Marktbesucher ging ziemlich zügig an dem Bettler vorüber und würdigte ihn dabei keines Blickes. Der Bettelmann schaute dem Manne ganz böse hinterher. Auf einmal drehte sich dieser um, lief auf unseren Bettler zu und gab ihm einen Backenstreich.

Nach einer Weile ging der gleiche Besucher auch am Rabbi Jakov vorbei, ohne ihm etwas zu geben. Und auch hier machte er nach ein paar Schritten kehrt, aber diesmal, statt handgreiflich zu werden, legte er ein wenig Geld in des Rabbis Hut.

Das bemerkte der unglückliche Bettler und eilte zu Jakov ben Katz herüber. Aufgeregt und streitlustig beschwerte er sich bei dem Rabbi ob der Ungerechtigkeit, wurde aber unter Rabbis sanftem Blick ruhiger und fragte dann wehleidig, wie dieser es schaffe, dass die Leute ihn wohlwollend behandeln würden.

Rabbi Jakov fragte den Mann seinerseits, welche Gedanken er so den Leuten gegenüber hege.

Der Bettler stieß bitter aus: „Welche wohl, Geizhälse sind die und sollen sich dahin verziehen, wo der Pfeffer wächst! Geht es dir denn nicht so?!"

Der Schargoroder antwortete: „Nicht doch! Ich segne jeden, der mir etwas gibt, und um so mehr segne ich diejenigen, die nichts geben. Mit deinem Fluch weckst du in den Leuten ihre schlimmen Neigungen, ich mit dem Segen ihre guten. Versuch das auch!"

Nicht ganz davon überzeugt kehrte der Bettler zu seinem Platz zurück. Und schon ging der Nächste an ihm vorbei. Der Almosenmann riß sich zusammen und dachte bei sich: „Gott sei mit dir, aber es ist schade. Geh mit Frieden, auch wenn du mir nichts gibst." Und gleich wurde er beschimpft.

Verzweifelt schaute er Rabbi Jakov an.

Der Zaddik rief ihm zu: „Ohne wenn und aber, mein Freund! Ohne wenn und aber."

Verwundert darüber, dass Jakov ben Katz seine Gedanken wie ein offenes Buch lesen konnte, wollte er ihn fragen: „Wer bist du?!"

Aber da war der Schargoroder schon entschwunden.
(Ruth Finder)

Einrichtung

Einst stellte Rabbi Jakov ben Katz seinen Schülern folgende Frage: „Warum dürfen wir niemals dem starken Wunsch nachgeben, dass stets alles unseren Vorstellungen - und seien sie noch so hoch und heilig - entsprechen möge?"

...Um sie sogleich selbst zu beantworten: „Weil es uns dann so erginge wie König Midas, dem alles, was er berührte, wunschgemäß zu Gold wurde - bevor er dann verhungerte, da Gold ihm nicht Nahrung sein konnte."

(Ruth Gabriel)

Netz und Blume

Der Zaddik von Schargorod war dafür bekannt, dass er eine Reihe von seltsamen Gegenständen in seinen Jackentaschen mit sich führte. Eine kaputte Flöte, ein paar an den Kielen zusammengebundene Schwanenfedern, einen Korken mit einem darin steckenden Nagel und einen recht kleinen, verbogenen Schlüssel hatte man schon gesehen. Und von verschiedenen anderen Dingen hat man gehört.

Einst erschien spät ein Schüler auf der Schwelle des Hauses von Jakov ben Katz und bat um Einlass.

„Rebbe", sagte er, „ich bin verwirrt und brauche deine Weisung. Wir können dem Höchsten auf verschiedene Weise dienlich sein. Durch das Einhalten der Gebote und Verbote ebenso, wie durch unseren Dienst am Nächsten. Auch durch Versenkung, Psalmengesang, Gebet und Tanz können wir ihm dienen."

Der Zaddik, der den Schüler in die Stube führte, nickte.

„Bei mir", fuhr der Schüler fort, „ist es nun so, dass es mich sehr zur Versenkung zieht. Eigentlich so sehr, dass ich gar nichts anderes mehr tun mag. Sicher, den Lebensunterhalt muss ich heranschaffen, aber wenn es um den Dienst geht, dann zieht es mich immer zur Versenkung. Kann es sein, dass ich allein dazu berufen bin, mich durch Versenkung zum Höchsten zu erheben?"

Der Rabbi suchte mit einer Hand in seiner Jackentasche herum. Schließlich hatte er das Gesuchte gefunden und breitete es auf dem Tisch aus. Es war ein Stück von einem Fischernetz. Dann zeigte er darauf und sagte zu seinem Schüler: „Kannst du einen Knoten des Netzes alleine in die Höhe heben?"

Der Angesprochene antwortete zunächst nicht, besann sich aber eine Weile. Dann schüttelte er seinen Kopf: „Nein, das ist unmöglich. Man kann nur das ganze Netz emporheben. Ich verstehe! Man kann ein Talent im Dienst nur eingebunden in das Tun aller Dienstmöglichkeiten zum Erheben der Seele nutzen."

Er bedankte und verabschiedete sich ob der späten Stunde rasch und verließ das Haus mit blitzenden Augen. Er hatte noch Verschiedenes zu erledigen.

Die Frau des Zaddiks hatte im Nebenzimmer beim Lesen das Gespräch mitbekommen und kam nun zu Jakov ben Katz herüber. „Vor einigen Wochen war doch ein anderer Schüler da gewesen. Der hatte gesagt: ‚Rebbe, ich bin verwirrt und brauche deine Weisung. Wir können dem Höchsten auf verschiedene Weise dienlich sein. Durch das Einhalten der Gebote und Verbote ebenso, wie durch unseren Dienst am Nächsten. Auch durch Versenkung, Psalmengesang, Gebet und Tanz können wir ihm dienen.'

Und während du ihn in die Stube führtest, fuhr er fort: ‚Bei mir ist es nun so, dass mein größtes Talent die Versenkung ist. Aber neben dem Lebensunterhalt, den ich heranschaffen muss, zieht es mich auch stark zu allen anderen Formen des Dienstes, ja, ich habe sogar den Wunsch, neue Formen zu finden und auszuüben. Und dies so sehr, bis mir der Kopf vor lauter Möglichkeiten schwirrt. Ich komme gar nicht mehr dazu, mich in irgendeiner Form zum Höchsten zu erheben.‘

Darauf suchtest du in deiner Jackentasche herum, bis du schließlich das Gesuchte gefunden hattest und es auf dem Tisch ausbreitetest. Es war das Stück vom Fischernetz. Dann zeigtest du darauf und sagtest zu deinem Schüler: ‚Kannst du das Netz an einem Knoten alleine in die Höhe heben?‘

Und der Angesprochene antwortete zunächst nicht und besann sich eine Weile. Dann nickte er und antwortete: ‚Ja, das ist möglich. Man kann das ganze Netz an nur einem Knoten emporheben. Ich verstehe! Man kann sogar ein einziges Talent im Tun aller Dienstmöglichkeiten zum Erheben der ganzen Seele nutzen.‘

Dann bedankte und verabschiedete er sich ob der späten Stunde rasch und verließ das Haus mit blitzenden Augen. Er musste sich dringend einer Angelegenheit widmen.“

Jakov ben Katz blickte seine Frau an: „Siehst du etwa einen Fehler in meinen Argumentationen?“

Und Perle, die Frau des Rebben, meinte: „Bei genauer Betrachtung könnte man sagen, dass es gar keine Argumentationen gab, da es keine wirklichen Argumente gab - lassen sich doch scheinbar die gleichen Sachverhalte heranziehen, um gänzlich entgegengesetzte Handlungsrichtlinien daraus abzuleiten.

Aber ich nehme diese beiden Besuche als einen Beleg für die Stimmigkeit deiner Aussage, dass man beinahe alles auf die richtige und die falsche Weise verstehen und tun kann und dass fast jede Aussage zum Heil und zum Fluch herangezogen werden kann - unabhängig vom Zusammenhang."

Der Rabbi stöberte in seiner Jackentasche. Dann zog er eine kleine Blechdose heraus und entnahm ihr eine getrocknete Kornblume. Er überreichte sie seiner Frau mit einer Verneigung.

(Clemens Satorius)

Von der Demut

Weit über die Grenzen von Schargorod hat man Geschichten und Erzählungen über seinen berühmten Rabbiner gehört.

So wollte einst ein Chassid zu Jakov ben Katz in die Lehre gehen, denn der Mann hatte von dessen großer Demut gehört: Wenn der Rabbi den Verlorenen und Verirrten dieser Welt begegnete, dankte er dem Herren inbrünstig, dass dieser ihm einen Weg - und zuweilen erleuchtende Klarheit - offenbart hatte, und betete, dass auch diese Seelen des Vaters Barmherzigkeit erfahren.

Der Schargoroder sagte aber zu dem Chassiden, er besäße nicht einmal einen Schatten dieser Eigenschaft, und schickte den Mann zu dem alten Elemelech, dem Einsiedler: Dieser sei so demütig, dass er - der verborgene Zaddik - seine Feinde innerlich um Verzeihung bitte, dass Gott ihm anstatt ihnen den Vortritt gewährt und die Gnade der Erkenntnis geschenkt hatte, und dass er immerwährend bete, dass diese vor ihm erlöst würden.

(Ruth Finder)

Reibung

Einmal bemerkte Rabbi Jakov ben Katz rätselhaft: „Das Wohl und Wehe der Welt hängt von einer einfachen Bewegung und der Art ihrer Anwendung ab - der Reibung zwischen Daumen und Zeigefinger."

In heller Aufregung bat man ihn um Auflösung.

Er sagte mit einem ernsthaften Zwinkern - ja, das konnte er!: „Entweder denkt man dabei ans Geld oder man hält eine Gebetskette in der Hand."

(Ruth Finder)

Von Engeln und Teufeln

Die Schüler des Schargoroders wurden von ihm ermahnt: „Wir können alles auf eine richtige und auf eine falsche Weise machen. Die jeweiligen Folgen sind tiefgreifend, deswegen muss der Mensch wachsam sein. Und so ist der Teufel manchmal ein besserer Geselle."

Unverständnis in den Gesichtern.

Der Reb führte weiter aus: „Wenn du etwas Gutes getan hast, da kommen die Engel und singen ein Loblied. Denkst du, dass das dir gebührt, und dein Herz wird stolz, dann ist deine gute Tat verdorben. Stimmst du aber ein in den Gesang der Engel zur Ehre Gottes, der durch dich gewirkt hat, dann bist du standhaft geblieben. Mit einer schlechten Tat ist es umgekehrt. Bei dieser ist der Teufel im Nu an deiner Seite, um dich bloßzustellen. Schiebst du alles auf ihn, dann freut er sich und wähnt dich in der Hölle. Bleibt aber dein Gewissen wach und des Teufels Anwesenheit ist dir eine Mahnung und

Erkenntnis, dass es an dir liegt, die Dinge richtigzustellen, dann hast du gewonnen."

(Ruth Finder)

Einrichtung II

Nachdem Rabbi Jakov einmal im engen Kreise seiner Schüler von König Midas berichtet hatte, erzählte er eine andere Geschichte, um ihnen das Problem des Anhangens an den eigenen Vorstellungen weiter zu verdeutlichen:

„In der Generation vor uns gab es in Nikolsburg einmal zwei Freunde namens Naphtali und Baruch. Sie waren in benachbarten Häusern aufgewachsen, hatten den ganzen Lauf durch die Schul gemeinsam gemacht und waren als junge Männer im gleichen Jahre verheiratet worden. Naphtali hatte schon jung den Traum zu träumen begonnen, einst ins heilige Land zu gehen und in Jeruschalajim ansässig zu werden. Baruch hingegen hing schon früh einem örtlichen Zaddik an, der ein großer Asket war. Diesem wollte er als Schüler nacheifern und nachfolgen. Trotz dieses Unterschiedes nahm aber der jeweils andere einen großen Platz im Herzen und Leben der beiden Chassiden ein. Man kann sagen, sie waren und fühlten wie Zwillinge.

Naphtali sah jedoch Baruch immer als einen Begleiter auf der Reise ins heilige Land. Für ihn war klar, dass Baruch, wenn er ihn denn wirklich so lieben würde, wie er selbst ihn liebte, auf jeden Fall mit ihm nach Jeruschalajim ziehen würde.

Baruch hingegen sah Naphtali als jemanden, der aufgrund seiner Liebe zu ihm letztlich in Nikolsburg bleiben würde, um mit ihm gemeinsam die Treppe asketischer Heiligkeit zu erklimmen.

Beide bedrängten einander nicht mit ihren abweichenden Lebensplänen. Sie wussten, dass wahre Freundschaft freilassend zu sein habe, und so sprachen sie sogar beinahe niemals über den unterscheidenden Punkt – und wenn, dann nur oberflächlich und ganz am Rande. Schließlich näherte sich der Zeitpunkt, zu dem Naphtali sich wahrhaftig auf die Reise machen würde. Naphtali wartete innerlich beständig darauf, dass Baruch sich ihm doch noch anschließen würde. Baruch erwartete täglich, dass Naphtali zuletzt doch noch seine Reisevorbereitungen abbrechen würde. In den letzten Wochen und Tagen konnten sie schon nicht mehr unbefangen miteinander umgehen. Es fiel ihnen immer schwerer, ein Gesprächsthema jenseits ihrer inneren Pläne und Erwartungen zu finden – und so begannen sie zuletzt sogar, einander zu meiden.

Dann, nach einem Schabbes, war Naphtali plötzlich mit seiner Frau, seinem Sohn und allem Hausrat fort...

Naphtali war sehr traurig und enttäuscht, dass Baruch ihn doch nicht begleitet hatte.

Baruch war sehr traurig und enttäuscht, dass Naphtali doch nicht bei ihm geblieben war.

Beide zweifelten die Freundschaft und Liebe an, die sie scheinbar unauslöschlich verbunden hatte. Monate und Jahre zogen vorbei und ihr Leben begann sich ihren Plänen entsprechend vor ihnen zu entfalten – nur ihr enger, lieber Freund hinterließ eine Leerstelle in ihrem Alltag, die nicht mehr gefüllt werden konnte. Und dachten sie zuerst lange, dass der jeweils andere sich sträflich und schuldhaft von ihnen abgewandt hatte, so löste sich diese Vorstellung mehr und mehr auf, bis sie meinten, ein ungünstiges Schicksal habe sie getrennt. Sie lebten ihre Leben, einer in Jeruschalajim, einer in Nikolsburg, und sie hörten nie wieder etwas voneinander. Als es aber ins Alter und zuletzt ans

Sterben ging, erkannten beide, dass sie ihre Leben in einem wichtigen Punkte verfehlt hatten.

Naphtali wäre gerne in Nikolsburg geblieben, wenn Baruch ihn gebeten hätte.

Baruch wäre gerne mit nach Jeruschalajim gereist, wenn Naphtali ihn gebeten hätte."

(Clemens Satorius)

Hinweis

Dass Rabbi Jakov ben Katz anhand von allerlei Gegenständen und Naturerscheinungen verborgene Wahrheiten und überraschende Erkenntnisse vermitteln konnte, wusste und schätzte man zu Genüge. Nun ermutigte er aber auch seine Schüler, dies ebenso zu tun, indem er ihnen riet, die Welt aufmerksam zu betrachten. Zuweilen half er dem einen oder dem anderen dabei auch auf manch ungewöhnliche Weise.

Diesmal war der junge Mendel an der Reihe. Dieser erzählte dem Rabbi, dass es ihm schwer falle, im Leben ruhig und gleichmütig zu bleiben: So viele Wünsche, Ideen, hohe und wiederum mindere Gedanken würden an ihm zerren; er merke und wisse nicht, wie diesem Übel beizukommen sei.

Jakov ben Katz riet seinem Schüler, aufrichtig zu beten und zu meditieren.

Was würde ihm das bringen, fragte Mendel.

Man lerne dabei, sich zu konzentrieren und zu sammeln, und in der Folge die äußere wie die innere Welt besser zu verstehen und ruhiger und gezielter in beiden zu wirken, antwortete der Rabbi.

Der junge Mann hörte skeptisch zu. Daraufhin bat ihn der Rabbi über das Gesagte nachzusinnen und ihm am nächsten Tag einen Gegenstand zu bringen, der das veranschaulichen könnte.

Aber wie sehr er das auch versucht hatte – Mendel fiel nichts ein. So ging er nachdenklich und müde zu Bett. In der Nacht träumte er, wie sein Lehrer zu ihm sagte: „Das Ding ist ganz in deiner Nähe!"

Mendel wachte auf. Es war dunkel und er zündete eine Öllampe an. Das Lampenglas fehlte aber noch. Das Licht flackerte und kaum etwas war zu erkennen. Alles blieb im unruhigen Schein verschwommen.

Schlaftrunken nahm er den Glaskolben und setzte ihn über den brennenden Docht.

Auf einmal beruhigte sich die Flamme, erhellte das Zimmer und man konnte alles gut sehen.

Als der Rabbi im Morgengrauen ins Bethaus kam, saß sein Schüler schon meditierend da – neben ihm eine leuchtende Öllampe.

(Ruth Finder)

Unterschied

Ein Schüler fragte den Zaddik von Schargorod: „Rabbi, welcher Unterschied liegt zwischen einer vollkommenen und einer unvollkommenen Eigenschaft und Tat?"

Jakov ben Katz antwortete: „Die eine schließt alles ein, die andere schließt vieles aus."

(Ruth Finder)

Arm und reich

Am Pult stehend wandte sich Rabbi Jakov einmal an die Gemeinde: „Man berichtet von Rabbi Jechiel Michal, dass er, als er noch in großer Armut lebte, einmal gefragt wurde, wie er denn täglich sein ‚Gesegnet, der mir alles, dessen ich bedarf, gewährt' bete, wo er doch nichts von dem habe, was ein Mensch brauche. Er antwortete darauf mit großer Heiterkeit, dass es wohl eben diese Armut sei, derer er bedürfe, und die sei ihm ja gewährt.

Es ist an solcher Armut sicher vieles zu beklagen, und manche unter uns haben ein ähnliches Los, aber sie entbindet - auf das Tun in der Welt bezogen - von viel Verantwortung. Unnötiger Putz, Gelage und schändliche und schädliche Geschäfte in großem Maßstabe sind dem wirklich Armen ja nicht möglich. Jedoch gibt es unter den Jehudim auch Wohlhabende und sogar verhältnismäßig Reiche. Ihnen sind all diese Verfehlungen möglich.

Manche von ihnen verbringen nun ihre Zeit zudem fast nur mit zusätzlichem Gelderwerb und daneben noch mit den belanglosen Nichtigkeiten unnötiger Geldausgaben. Gerade sie verfügen aber doch über den Luxus, nicht die ganze Zeit für ein karges Leben schaffen zu müssen. Wie viel Gutes könnten sie in der gewonnenen Zeit für sich, die Ihren und alle um sie herum bewirken?

Dem Armen wird schon die Herzensfreude, mit der er sein Los trägt, die Tore zu den höheren Welten öffnen. Der Reiche muss sich genauer und bedachter mit seinem Wirken auseinandersetzen. Mit schweren Geldsäcken unter den Armen lassen sich die schmalen Himmelstore nicht durchschreiten."

Am nächsten Tag besuchte ihn ein wohlhabender Chassid, der von seiner Ansprache gehört hatte. Er legte dem Zaddik einen schweren Beutel mit Goldmünzen auf den Tisch und gab ihm zu verstehen, dass er anstelle des kleinen, hölzernen Bethauses ein prachtvolles Gebäude entstehen lassen wolle.

Rabbi Jakov sagte darauf zu ihm: „Ich sehe in deinem Herzen einen Funken wahrhaftiger Gesinnung. Daher sage ich dir, ich habe schon einige ähnlich dir – und ohne diesen Funken – mit Schimpf aus meinem Hause gejagt. Dir gebe ich den Rat, dass du sehr genau überlegst, bevor du dein Geld ausstreust. Es gibt im Lande viele kleine, schlecht ausgestattete Bethäuser und Schulen, die sich nur ungenügend heizen lassen, dunkel sind und vieler Bücher entbehren. Wäre dort nicht mehr zu bewirken, als wenn wir hier ein glänzendes, hallendes Steingebäude mit einer Kuppel und Vergoldungen bauen ließen, das wir zudem nur schwer füllen könnten? Der reiche Geber muss vor der Gabe sein eigenes Herz genau prüfen – und zudem den breitesten und vor allem für Gott höchsten Nutzen im Auge haben."

(Clemens Satorius)

Hund

Von Rabbi Jakov ben Katz sind folgende Worte überliefert worden: „Unser ‚Ich' ist wie ein knurrender Hund, der auf dem Stroh liegt – er selber kann nichts mit dem Strohhaufen anfangen, lässt aber auch keinen heran. So auch das menschliche Ego – es kann mit der Wahrheit nichts anfangen, hindert uns aber wiederum dieser nahe zu kommen. In beiden Fällen hilft nur beherztes und entschlossenes Verscheuchen."

(Ruth Finder)

Ausrichtung

Ein anderes Mal sagte Rabbi Jakov ben Katz: „Wie bei einem Kompass der Zeiger dank der Magnetkraft der Erde immer und überall gen Norden ausgerichtet ist, so soll auch bei dem Menschen seine Seele mit Hilfe ihrer Glaubenskraft unter allen Umständen auf Gott ausgerichtet werden."

(Ruth Finder)

Aufsteigen und Absteigen

Die Rebbes der chassidischen Gemeinden waren sich untereinander in manchen Fällen sehr verbunden – in anderen Fällen waren sie sich nicht grün. Erstere standen naturgemäß miteinander in Kontakt und Austausch. Letztere waren auf umlaufende Berichte angewiesen, um ihren Animositäten Nahrung zu verschaffen. Dadurch wurde das nachvollziehbare und in einem Klima geistiger Freiheit wünschenswerte Interesse der Schüler an Geschichten über die verschiedenen Rebbes der Chassidim mit einer unguten Note vergiftet.

Jakov ben Katz von Schargorod trat zwischenträgerischen Erscheinungen dieser Art nicht sehr offensiv entgegen, aber er nutzte sie gerne für Belehrungen darüber, wie die größeren Wahrheiten hinter den kleineren erkennbar werden können.

Einmal hörte er in seinem Schulhaus einen Teil eines Gespräches zwischen seinen Schülern mit, als er gerade auf dem Weg zu seinem Pult vorbeischritt. Der von ihm aufgeschnappte Satz lautete: „...und ihr Reb ist dafür bekannt, dass er einen Satz aus der überlieferten Weisheit stundenlang auslegen kann – nicht aber dafür, dass er selbst nur einen einzigen weisen Satz aus sich heraus formuliert hätte."

Als der Zaddik dann vor seinen Schülern stand, griff er den Unterhaltungsfetzen auf: „Es gibt aufsteigende und absteigende Weisheit, Weisheit des Aufsteigens und des Absteigens und aufsteigende und absteigende Weise. Für den Höchsten ist das klar erkennbar. Für uns Menschen ist das - und das müssen wir in Demut anerkennen - lange, lange nicht zu durchschauen. Und den höchsten Meistern gelingt es zuletzt vielleicht auch nur mit Gottes Hilfe.

Ein voranschreitender Schüler oder ein junger Meister kann möglicherweise einen sehr einprägsamen, weisen Satz formulieren. Auch ein hoher Meister vermag das vielleicht. Beim voranschreitenden Schüler wäre das aufsteigende Weisheit eines aufsteigenden Weisen, beim hohen Meister wäre es absteigende Weisheit eines absteigenden Weisen. Der Eine würde aber seinen eigenen weisen Satz nicht bis in die Höhen und Verästelungen ausdeuten können. Der Andere aber kennt die Höhen und Verästelungen, selbst wenn er nicht mit seinen Worten zu einem einprägsamen, weisen Satz herabsteigen kann."

Einer der Schüler meldete sich zu Wort: „Aber wäre das Unvermögen des hohen Meisters, seine Weisheit in prägnanten Worten mitzuteilen, nicht ein Mangel, der seine Höhe in Frage stellen würde?"

„Nein", entgegnete der Schargoroder, „es würde seinen gelungenen Abstieg in Frage stellen, nicht seinen gelungenen Aufstieg. Und wer sagt überhaupt, dass einer, den wir einen hohen Meister nennen, sowohl seinen Aufstieg als auch seinen Abstieg abgeschlossen hat oder haben soll? Wie weit hinaus wir gelangen und was wir mit herabzubringen vermögen, könnten doch wohl eigentlich nur gleichweit Gestiegene oder noch weiter Gelangte beurteilen.

Die Schüler bedürfen naturgemäß der glatten Worte. Sie sollten aber nicht zu sehr daran hängen, denn glatte Worte lassen sich leicht sehr unterschiedlich auslegen – und vermögen die Schüler zu erkennen, welche Auslegung die rechte ist? Daher sollten sie neben den Worten mehr auf das Sein ihrer Lehrer achten lernen. Widersprüche zwischen Lehre und Sein lassen sich nicht auf die gleiche Weise erklären, wie die zwischen Lehre und der Fähigkeit zur einfachen Zusammenfassung. Ja, mehr noch und weiter, jeder achte vor allem auf sich selbst."

(Clemens Satorius)

Verstehen

Manchmal wanderten Leute aus ganz fernen Ländern durch die Schargoroder Gegend. Eines Tages kehrte bei Rabbi Jakov ben Katz einer von ihnen ein. Nach seiner langen Wanderschaft hatte der Mann ein paar Brocken von der hiesigen Sprache aufgeschnappt und so konnte sich der Rabbi mit ihm ein wenig unterhalten, während seine Frau in der Küche etwas Proviant für den Besucher zusammensuchte.

„Wie wunderlich der doch aussieht", dachte Perle bei sich, „kahlköpfig, in ein Tuch gewickelt und diese große Schale, wo sein Essen rein soll…"

Durch die offene Tür konnte sie die beiden Männer hören und sehen, wie sie einander zustimmend zunickten oder, wenn die Sprache nicht ausreichte, wie sie vielsagend miteinander schwiegen. Als der Gast wieder seines Weges ging, erzählte ihr der Rabbi, dass der Mann ein wandernder Mönch aus dem Land der höchsten Berge sei.

Perle fragte den Rabbi: „Obwohl er sich unserer Sprache bediente, waren mir doch seine Begrifflichkeiten und Sitten sehr fremd. Ihr schient euch aber gut verstanden zu haben - wie zwei Weggefährten im Geiste und im Ziele?"

Der Rabbi erklärte das so: „Wie die verschiedenen Seeleute den Kurs ihrer Schiffe unterschiedlich bestimmen können - anhand von Sonne, Sternen und Landmarken, Strömungen und Wellengang - und doch das gleiche Handwerk tun, nämlich auf den Meeren fahren, und sie alle erreichen das ersehnte Land. So auch die Suchenden - in Sprache und Ausübung sehr eigen, trachten sie alle im gleichen Maße nach einem Ziele, nämlich der Umkehr der Seele in das ersehnte Land der Gottesseligkeit, und wissen einander deswegen zu verstehen."

(Ruth Finder)

Die Wahl

Eines Tages besuchte Rabbi Jakov ben Katz einen Schüler, der aufgrund eines sehr schweren Leidens im Krankenhaus weilte. Es war ungewiss, wie lange sein Leben noch währen würde.

Gemeinsam schwiegen und beteten sie.

Plötzlich sprach einer der anderen Schwerkranken, die das Krankenzimmer mit dem Schüler teilten: „Rabbi, Ihr glaubt und betet. Seht Euch aber nur einmal um. Siechtum, Leid und Elend. Wie kann es da sein, dass Euer Glaube so unerschütterlich ist und Ihr immer weiter gute Werke tut?"

Der Rabbi schaute den Kranken voller Mitgefühl und Zuneigung an: „Mein Sohn, eine Nachtigall singt ihr Lied nicht aus Freude und Liebe. Sie singt es, weil es ihre Natur ist. Sie hat keine Wahl. Würde Gott seine Wundermacht für alle Augen offenbaren und nicht im Verborgenen, dann hätten auch wir keine Wahl mehr, denn dann würden wir wissen. ER aber gab uns das größte Geschenk – ER schenkte uns die Freiheit wählen zu können."

(Ruth Gabriel)

Einer

Über den Schargoroder Rabbi wurde vieles gesagt. Auch dieses: „Da ist ein Meister in der Schul, welcher keinen schulmeistert."

(Ruth Finder)

Geschäftsbeziehungen

Rabbi Jakov ben Katz und seine Schüler unterhielten sich in der Schul. Durchs geöffnete Fenster hörten sie das Sägen und Hämmern eines Bauherren. Der Rabbi fasste sogleich einen Gedanken, ließ sich aber das Gespräch zu Ende entwickeln. Dann merkte er an: „Der Teufel ist ein sehr erfolgreicher Geschäftsman, sag' ich euch."

Was veranlasse ihn so zu denken und womit handele denn der Teufel, wollten seine Schüler wissen.

Jakov ben Katz fuhr folgendermaßen fort: „Dieser bietet in Unmengen Nägel der Vorurteile und Verurteilung und die Hämmer der Verblendung und des Hasses an. Sein teuflisches Handelszeug findet reißende Abnahme, denn die menschliche

Neigung zum ‚Festnageln‘, zum Sich-Festlegen, hält die Nach-frage ungebrochen. Das tun die Guten und die Bösen.“

Dann murmelte er leise in seinen Bart: „Solche Verblendeten und Hasserfüllten nagelten früher viele tatsächlich fest.

Als Jeruschalajim noch unzerstört war, geschah das einem allseits bekannten Rabbi auch.“

(Ruth Finder)

Sich auf den Weg machen

Rabbi Jakov ben Katz sagte einmal: „Wer weiß, wo sein Zuhause ist und wer dort auf ihn wartet, der mache sich mit aller Kraft und freudiger Sehnsucht auf den Weg: Es werden ihm sicher irgendwann Flügel verliehen und er wird damit nach Hause hingetragen werden. Wer das aber weiß und trotzdem in der Fremde verweilt und stehen bleibt, dem werden dort Wurzeln wachsen, und es wird ihm schwer werden, sich loszureißen.“

(Ruth Finder)

Das Erbe

Ein Jude kam zu Rabbi Jakov ben Katz und redete auf ihn ein: „Rabbi, Ihr lernt und betet unentwegt, helft und lehrt unermüdlich, tut und macht für die Euren und die Fremden. Das alles um Gottes Erlösung willen. Aber wozu solches Streben und Mühen? Wir werden doch alle künftig erlöst und Gottes Gnade ist uns sicher. Wir haben Zeit.“

Der Rabbi antwortete mit einem Gleichnis: „Es war einmal ein reicher Mann, der nach Jahren harter und geschickter Arbeit sein Geschäft aufgebaut hatte und es zu einem beträchtlichen Vermögen brachte. Seine Familie war gut versorgt und er behandelte auch seine Angestellten anständig. Als sein Sohn ein junger Mann geworden war, wollte der Vater, dass er anfange, über das Geschäft zu lernen, das er später führen sollte. Der Jüngling dachte aber nicht daran und verbrachte lieber seine Zeit mit Nichtigem. Er prahlte unter seinen Spaßgenossen: ‚Wozu soll ich mich jetzt bemühen, wenn ich sowieso irgendwann alles erbe?'

Das kam dem Vater zu Ohren. Er war entzürnt und enterbte sogleich seinen Sohn bis in das vierte Glied. Es währte lange bis die Nachkommen des Unglücklichen es wieder zu Wohlstand brachten."

Und weiter sprach der Rabbi: „Ich aber will mich um das Erbe meines Himmlischen Vaters schon jetzt bemühen, es antreten und damit auch Gutes bewirken."

(Ruth Finder)

Zündholz

Eines Abends erhielt Rabbi Jakov ben Katz Besuch eines Schülers, der sich bei ihm darüber beklagte, dass er sehr unter der mangelnden Gottergebenheit seiner Nächsten zu leiden habe. Dadurch würden sie es ihm zuweilen unmöglich machen, seine Liebe zur Wahrheit und zu Gott ausdrücken zu können.

Rabbi Jakov ben Katz reichte ihm ein Zündholz, wies mit der Hand auf die Kerze neben sich und sprach: „Du beklagst dich über die Dunkelheit und bist doch derjenige, der das Zündholz besitzt."

(Ruth Gabriel)

Freude

Einmal war Rabbi Jakov ben Katz sehr krank und musste in einer entfernten Stadt in einem Hospital behandelt werden. Seine Frau machte sich große Sorgen um ihn. Als der Rabbi endlich genesen nach Hause kam, war sie sehr froh.

„Dich wiederzusehen und gesund zu wissen - ach Jakov, es gibt keine größere Freude auf der Welt!"

Rabbi Jakov ben Katz sagte aber mit heiterer Stimme: „Ich sehe, deine Freude ist groß. So wie auch die meine. Aber es gibt noch viel größere Freude, meine Liebe!"

„Welche wäre das?" fragte Perle.

„Du weißt, über was du dich freust, und kennst denjenigen, über welchen du dich freust. Aber ein Suchender weiß nicht, was ihn auf dem Wege erwartet, und er kennt IHN nicht, der am Ende des Weges seiner harrt. Dennoch ist seine Freude unermesslich."

(Ruth Finder)

Grund

In der Nachbarschaft des Schargoroders lebte eine jüdische Familie, die aber nicht dem Weg der Chassidim folgte. Die Frauen der Juden hielten untereinander eine gewisse Bekanntschaft, wo die Männer der Chassidim mit den anderen Juden möglichst keinen Kontakt pflegten. So hörte der Reb Jakov von seiner Frau Perle, dass die Hausfrau besagter Familie sehr viel auf sich selbst halte. Sie betonte gegenüber den anderen Frauen bei jeder Gelegenheit, dass sie es sei, die ihre ganze Familie zusammenhalte. Ohne sie, ihren Überblick und ihr Organisationstalent würde der Haushalt schon noch und noch auseinandergefallen sein.

Perle überlegte dazu laut vor ihrem Mann: „Wie weit der Menschen Meinungen von sich und anderen stimmen oder nicht stimmen, lässt sich schwer ermessen. Ob wir der Weg sind, oder ob wir im Weg stehen - ob der Haushalt wegen oder trotz der Hausfrau zusammenhält - wer will all dies mit Genauigkeit erforschen? Wir sollten wohl immer nur dem Hawaja, dem Gott, die Ehre geben."

„Der Baalschem soll gesagt haben", meinte Jakov ben Katz dazu, „dass der Höchste Sonne und Mond trotz und wegen der Menschen über den Himmel wandern lasse. Wenn man das eine vom anderen trennte, würde ihre Wanderschaft enden."

Viel später einmal erinnerte Perle sich: „Ich wusste damals nicht, ob er die Wanderschaft der Menschen oder die Wanderschaft von Sonne und Mond meinte."

(Clemens Satorius)

Die Bejgl

Es herrschte große Geschäftigkeit in Schargorod. Die Männer bauten Tische und Bänke auf, die Frauen kochten und buken und die Kinder schmückten Bäume und Sträucher mit bunten Fähnchen. Die alte Schul hatte durch gemeinsame Anstrengungen endlich ein neues Dach erhalten und dies wollte die Schargoroder Gemeinschaft gebührend feiern.

Perle, die Frau des Rabbi Jakov ben Katz, war federführend bei den Frauen und sorgte für den reibungslosen Aufbau der hergestellten Köstlichkeiten auf einer langen Reihe von Tischen. Als sie diese noch einmal abschritt, sehr zufrieden damit, dass es nicht nur ein Gaumen- sondern auch ein Augenschmaus wurde, kam sie an einer Gruppe Frauen vorbei. Eine von ihnen, die sich stets gerne ob ihrer Kochkunst hervortat und von vielen Schargoroderinnen deshalb bewundert wurde, ereiferte sich gerade über eine angeschlagene alte Platte voller unförmiger Bejgl: „Wer hat sich denn getraut, solch ein nachlässig hergestelltes, jämmerliches Gebäck zu solch einem hohen Anlass mitzubringen? Welch eine Unverschämtheit!" und erntete beifälliges Gemurmel der Umstehenden.

Seufzend sah Perle ihren Mann an, der den Vorfall ebenfalls bemerkt hatte. Dieser lächelte ihr zu, bevor er sich anschickte, zu seinem aufgebauten Pult zu gehen. Dort eröffnete er das Fest mit einer Rede, in der er allen Beteiligten seinen großen Dank aussprach: Den zahlreichen Spendern, die es möglich gemacht hatten, das Material für das Dach der Schul zu kaufen. Den unermüdlichen Händen, die aus dem Material das neue Dach gewerkelt hatten. Den großartigen Köchinnen und Bäckerinnen, die für das leibliche Wohl der Anwesenden gesorgt hatten.

Ganz zum Schluss ging er zu einer kleinen, uralt wirkenden Frau mit bescheidenem Blick, nahm sehr vorsichtig ihre von jahrelanger Gicht gezeichneten Hände in die seinen und sagte: „Und ganz besonders danke ich dir, liebe Rahel. Du machst unser Fest zu etwas ganz Besonderem. Stetes Bemühen aus Liebe zu Gott - daran wird heute ein Jeder denken müssen, der einen deiner Bejgl isst."

(Ruth Gabriel)

Würde

Ein Schüler des Rabbi Jakov ben Katz fragte ihn einmal: „Sollten wir die Würdenträger unseres Glaubens als ein Vorbild nehmen?"

Der Rabbi antwortete: „Würde tragen und würdig sein verhält sich zueinander wie Ausgelassenheit und Freude: das Erste ist äußerlicher Natur, das Zweite kommt von innen."

(Ruth Finder)

Ein Großer

In Schargorod hatte sich eine größere Gruppe von Schülern um Rabbi Jakov ben Katz geschart. Sie waren dort ansässig geworden, um ihrem Zaddik nahe zu sein und von seinen Unterweisungen zu profitieren. Naturgemäß gab es fortgeschrittenere und weniger entwickelte Schüler, die aber scheinbar alle eine große Ernsthaftigkeit verband. Manchmal im Jahr kamen sie so eng zusammen, dass sie für etliche Tage gemeinsam im Schulhaus lernten und beteten und auch dort oder bei ihrem Rabbi im Hause oder in der Scheune schliefen und wohnten.

Als das wieder einmal geschah, stellten die Schüler nach einigen Tagen fest, dass einer der Ihren die anderen bestohlen hatte. Sie gingen zu Rabbi Jakov und erzählten ihm davon. Der aber unternahm daraufhin nichts.

Kurz darauf wurde der diebische Schüler erneut auf frischer Tat ertappt. Diesmal drängten einige der anderen Schüler den Rabbi, den Dieb davonzujagen. Schließlich kam es zu einer offenen Konfrontation, bei der alle - auch der Langfinger - anwesend waren.

Erneut verweigerte der Reb das Fortschicken des gefallenen Mitschülers. Er sagte: „Ihr mögt mir deshalb böse sein, ja, ihr mögt vielleicht selbst nicht mehr hier bleiben wollen, aber auch wenn ihr alle fortgehen wolltet, würde ich unseren vom Bösen angefeindeten Bruder nicht fortsenden, denn wer außer mir würde dann auf ihn einwirken und ihn unterrichten?"

Als der Dieb dies gehört hatte, begann er bitterlich zu weinen und bat unter Tränen alle um Verzeihung. Von da an diente er seinen Mitschülern, wo er nur konnte, und wurde auch in allem anderen ein vorbildlicher Schüler. Wenige Jahrzehnte später war er unter den Chassidim als einer ihrer Großen bekannt und geehrt - seinen Namen jedoch wollen wir hier verschweigen.

(Clemens Satorius)

Stöckchenspiel

Eines Tages gingen Rabbi Jakov ben Katz und seine Frau am Rande ihres Städtchens spazieren. Dabei hatten sie gesehen, wie ein Junge mit seinem Hund Stöckchen spielte: Der Knabe warf es in Richtung des nahe gelegenen Waldes und das Tier lief übermütig hinter dem Hölzchen her und brachte es voller Eifer zu seinem Herrchen zurück. Einmal landete das Stöckchen kurz hinter den ersten Waldbäumen. Der Hund traute sich aber nicht in den Wald hinein, winselte kläglich und kam anbiedernd zu dem Jungen geschlichen, der sogleich zur Freude seines Vierbeiners ein anderes Stöckchen in die Luft schmiss.

Rabbi Jakov ben Katz, der das Ganze beobachtet hatte, fing an zu weinen.

„Was hast du?" fragte ihn Perle.

„Sieh", sagte der Rabbi unter Tränen, „wie der Hund – der vergessen hat, dass er früher ein Wolf war und im Walde frei lebte und den Willen seines Schöpfers tat – sich vor dem Wald fürchtet und wieder zu seinem Halter zurückkehrt, so fürchtet sich der Mensch – der seine wahre Natur vergessen hat – vor der ungeheuren Kraft der Freiheit von sich selbst, die ihn zu seinem Himmlischen Vater führen würde, und er kehrt immer wieder in die Knechtschaft seines kleinen Ichs zurück."

(Ruth Finder)

Ein verborgener Heiliger

In Nikolsburg gab es einen stadtbekannten jüdischen Narren, der von allen „der Jossele" genannt wurde. Schon sein dümmliches Gesicht wies ihn als leichtes Opfer für Neckerei und Spott aus. Immer wenn er durch die Stadt ging, fand sich jemand, der ihm eine Messingmünze und eine Silbermünze hinhielt und ihn aussuchen ließ, welche von beiden er haben wolle.

„Ich nehm's Goldene", sagte er dann sehr zur Erheiterung der Leute, nahm die Messingmünze und ging seines Weges.

Am Schabbes führte ihn dieser Weg immer in das Bethaus der Nikolsburger Chassiden, wo er dann still ganz hinten saß, aber sich die Belehrungen der Rabbis sehr zu Herzen nahm. Wenn es dann daran ging, verborgen ein paar Münzen in das Gotteskästchen der Gemeinde zu legen, war der Anteil seiner Messingmünzen an dem zum Unterhalt gesammelten Geld immer ungewöhnlich groß.

Nur sein Bruder Rabbi Abraham Chajim und dessen Freund Rabbi Jakov ben Katz kannten sein Geheimnis, denn ihnen hatte er einmal bei einem ihrer Besuche auf ihre Frage verraten, warum er denn immer die Messingmünze nähme: Seine schöne Einnahmequelle zur Förderung des chassidischen Lebens würde ja sofort versiegen, wenn er nur ein paarmal die Silbermünzen wählte.

„Demut und ein scheinbar dümmliches Gesicht können, im rechten Geiste eingesetzt, mehr zum Erhalt einer Gemeinde beitragen, als Männer, die die Tora auswendig dahersagen können", sagte Jakov ben Katz später voller Bewunderung zu Abraham Chajim, als dessen Bruder schon zu einer weiteren Runde durch die Stadt aufgebrochen war.

(Clemens Satorius)

Mäßigung

Rabbi Jakov ben Katz war mit Pinchas und Seckel, zweien seiner Schüler, auf dem Weg zur Schul. Pinchas war der fleißigste und auch der ehrgeizigste unter allen seinen Schülern, der nach der Schul meist noch angestrengt in der Bibliothek in den Schriften las, während Seckel des Öfteren nach getaner Arbeit ruhend unter einem Baum anzutreffen war. Die drei ließen sich Zeit und schlenderten gemütlich über den Markt, angeregt in ein Gespräch vertieft, als plötzlich ein zerlumpt aussehender Fremder sie um ein Almosen anbettelte. Seckel kramte eilig in seinen Taschen nach etwas Geld, fand allerdings nur eine einzige Münze, da er sein letztes Geld großzügig für sein leibliches Wohl ausgeben hatte. Beschämt schaute er zu Rabbi ben Katz hinüber und reichte dem Fremden die einzelne Münze.

Pinchas zog eine Augenbraue hoch und zückte kurzerhand mehrere Münzen, die er dem Bettler übergab.

Auf dem restlichen Weg zur Schul ermahnte Rabbi ben Katz seinen Schüler, dessen Neigung zu Brot und anderen Leckereien ihm nicht verborgen geblieben war, zur Mäßigung.

Einige Tage später stießen die drei erneut auf den Bettler. Diesmal hielt Seckel, welcher sich seit dem letzten Mal versucht hatte in Sparsamkeit zu üben, stolz zwei Münzen hin.

Pinchas begutachtete mit hochgezogenen Augenbrauen Seckels Freude über seinen winzigen Fortschritt und zog seinerseits fünf Münzen aus seiner Tasche.

Verwirrt über das Ausbleiben einer weiteren Ermahnung Seckels drehte sich Pinchas zu Rabbi ben Katz um. Der Rabbi lächelte und ermahnte Pinchas zur Mäßigung.

(Phia)

Vier mal vier

Einige Schüler von Rabbi Jakov ben Katz erzählten ihm von ihren immer wiederkehrenden Träumen. Nun stellte es sich aber heraus, dass die Träume dieser Leute sich ähnelten: Sie alle berichteten von einem Vierergespann und einem unheimlichen Wesen, das den Karren steuerte. Mal saß man drinnen fest und konnte nicht heraus, mal wurde man vor dem Gespann gehetzt, mal ritt man ins Nirgendwo - und immer dieses höhnische Lachen von dem Fuhrmann.

Der Rabbi seufzte leise und berichtete: „Auch ich wurde von dergleichen nächtelang heimgesucht. Ich sage euch dies: Mal hat eure Unentschlossenheit das Sagen im Gefährt, mal eure Ungeduld, mal eure mangelnde Einsicht - dieses Wesen, das euch an euer irdisches Leid kettet, hat viele Namen. Nicht umsonst hat es vier Zugtiere und die haben feste Namen: Das sind - „wenn", „dann", „weil" und „aber"."

Ein Schüler bemerkte erstaunt: „Verflixt! Da sind doch überall sogar vier Buchstaben in den Wörtern!"

Der Rabbi sagte schmunzelnd: „Das nenne ich den himmlischen Zahlenwink!"

(Ruth Finder)

Der Erste

In seinen jungen Jahren war Jakov ben Katz viel auf Wanderschaft. Er marschierte dabei vor allem durch viele osteuropäische Länder und einmal bereiste er auch den Osten der preußischen Lande. Dabei folgte er eines Sommers mehrere Tagesreisen dem Saum des Meeres, nachdem zuvor heftige Stürme über die Küste gezogen waren.

An einem Nachmittag, als er sich schon nach einem Platz für eine Übernachtung umzusehen begann, schritt er an einem weiten, festen Strand entlang, an den die Stürme der letzten Tage allerlei Hölzer, Muscheln, Tang und hin und wieder auch ein Stück Seil oder gar einen Stiefel angeschwemmt hatten. Zwischen diesen Dingen blinkte ihm plötzlich ein golden wirkender Brocken entgegen. Es war ein großes Stück Bernstein - fast so groß wie der kleine Leib Brot, den er zusammen mit einem Stück Käse als Wegzehrung bei sich trug. Interessiert und freudig nahm Jakov ihn auf und putzte ihn erst mit den Händen und rieb ihn dann mit seinem Ärmel ab. Darauf steckte er ihn in seine Umhängetasche zu Brot und Käse und folgte weiter dem Ufer der See. Am Abend zog er sich, da er weit von menschlichen Ansiedlungen entfernt war, in einen nahen Küstenwald zurück.

Dort gab es abgebrochene Äste und Zweige für ein Feuerchen in der Nacht und weichen, trockenen Untergrund, auf den er sich in seine Decke gehüllt zur Nachtruhe legte.

Zwei Tage später konnte er das erste Mal wieder in einer Herberge übernachten. Dort traf er im Speiseraum einen anderen Jehudi und sie beschlossen, am morgigen Tag zusammen weiterzuziehen, da sie einen Teil des Weges zu ihren unterschiedlichen Zielen gemeinsam hatten.

Als sie dann tags darauf an einer Landstraße zum Mittagsmahl rasteten, holten sie ihr Brot, Käse und Wasser heraus und der Blick des Begleiters von Jakov ben Katz fiel auf den großen Bernsteinbrocken. Sogleich ließ er sich das Stück zeigen und nach einigem Drehen und Wenden bat er Jakov, ihm den Stein zu überlassen. Der tat das ohne zu zögern, und als sich ihre Wege nachmittags trennten, ging der Andere in dem freudigen Bewusstsein, dass der Wert des Steines ihm mindestens ein paar sorgenfreie Monate einbringen würde.

Drei Tage später hörte Jakov ben Katz auf einer Landstraße hinter sich Rufe. Es war sein vormaliger Begleiter - sein Name war Mendel - der winkend von hinten angelaufen kam.

„Ich habe eine ganze Nacht nachgedacht, nachdem sich unsere Wege trennten", sagte er, als er Jakov erreichte. „Ich weiß, dass der Stein, den du mir gegeben hast, wertvoll ist, aber ich will ihn dir zurückgeben, denn ich habe die Hoffnung, dass du mir etwas weit Kostbareres geben kannst. Gib mir, was du in dir hast, das dir erlaubt hat, mir den Bernsteinklumpen ohne Zaudern zu schenken. Ich werde bei dir bleiben und nicht mehr von deiner Seite weichen, solange du mich dulden magst."

So hatte Jakov ben Katz einen Bernstein von Wert gegen seinen ersten Schüler, Wegbegleiter und späteren Freund eingetauscht, und zudem noch den Stein wiederbekommen, mit dessen Verkauf er daheim in Schargorod einigen armen Jehudim das Leben etwas erleichtern konnte.

(Clemens Satorius)

Ein Fund

Es zogen viele Pilger durch Schargorod. Seltener auch Gojim, die dem Nazarener anhingen. Eines Tages fand Perle bei ihrer Rückkehr vom Wochenmarkt nach Hause am Wegesrande eines ihrer dem Tanach nachgestellten „Neuen Testamente". Jemand hatte es vergessen oder vielleicht absichtlich liegen lassen. Perle schaute um sich. Keiner war da. Sie hob das durch häufigen Gebrauch arg abgenutzte Büchlein hoch und schlug es auf irgendeiner Seite auf. Ihr Blick fiel auf eine Zeile: „...Und führe uns nicht in Versuchung!" Sie dachte kurz über etwas nach, schlug dann das Druckwerk zu und legte es vorsichtig wieder dorthin, wo sie es gefunden hatte.

Nach Hause angekommen, erzählte sie ihrem Mann das Geschehene und fragte ihn: „Gott, unser Vater, ist doch kein hinterlistiger Versucher, der uns zur Sünde verführt. Wäre es nicht gerechter, zu Ihm zu beten: ‚Unser Erbarmer! Lass uns nicht in Versuchung geraten!'"

Der Rabbi freute sich über das Gefragte und antwortete Perle bereitwillig so: „Deine Bedenken sind richtig, aber der Allmächtige ist auch kein übereifriger Beschützer unsereiner. Sonst könnten wir alle wie Engelchen gleich bei ihm bleiben. Wir sollen aber Erfahrungen sammeln. Er will, dass wir hier auf Erden lernen!"

Dann schloss Rabbi Jakov seine Augen und betete leise: „Gütiger Vater! Ich bitte Dich, steh mir angesichts der Versuchungen bei! Vater, lass mich sehen, lass mich erkennen! Lass mich in Dein Licht treten! Hilf mir auf meinem Wege zu Dir! Ich möchte Deiner würdig sein! Lieber Vater, erbarme Dich meiner!"

Viele Jahre später entdeckte man im Perles Nachlass einen kleinen Zettel. In ihrer feinen Handschrift niedergeschrieben konnte man darauf dieses Gebet lesen.

(Ruth Finder)

Reden und Schweigen

Elon ben Jochai, ein Schüler der Schargoroder Gemeinde, war ein schlaksiger, nachdenklicher Mann. An diesem Abend grübelte er über die Problematik des Schweigens und des Redens. Alles Grübeln und angestrengtes Nachdenken führte jedoch zu nichts. Manchmal war Reden Schweigen und manchmal war es umgekehrt. Es gab eine Menge Regeln und Lehrsätze, aber sie waren seiner Meinung nach vielfältig auszulegen und halfen ihm nicht richtig weiter. So beschloss er, abends den Rabbi zu besuchen und ihn darüber zu befragen.

Der Rabbi sprach: „Wenn ich mich Gott zuwende, sollte ich mich im Schweigen üben, denn das Schweigen ist ein guter Lehrmeister der Gegenwart. Der Ort, an dem selbst das Vergehen lebendig ist."

Elon unterbrach den Rabbi: „Wie kann die Gegenwart ein Ort sein?"

Die Antwort des Rabbis kam sofort: „Kann sie nicht, und jetzt höre zu! Bei deinen Mitmenschen verhält es sich anders, auch hier solltest du dich im Schweigen üben, so lässt sich besser teilen, was nicht zu teilen ist. Du solltest aber auch reden, um zu teilen, was zu teilen ist. Wer sich also seinesgleichen zuwendet, sollte beides tun. Der Mensch ist Rede, Gott ist Stille."

Der Rabbi schwieg und lächelte Elon voller Wärme an. Elon trat auf der Stelle und lächelte etwas verunsichert zurück. Manches begriff er, manches bereitete ihm arges Kopfzerbrechen, so ging er in sich, um Gott zu begegnen, und schwieg.

Eine ganze Zeit verging, Elon ben Jochai bekam Ohrensausen und Kopfschmerzen, so laut war sein Schweigen. Nach und nach wurde es leiser, bis endlich Stille und Schweigen eins wurden – zumindest manchmal. Voller Mut und Erfülltheit besuchte er seine Freunde und sprach mit ihnen, um zu teilen, und schwieg manchmal, um abermals zu teilen.

Spät am Abend lag Elon in seinem Bett und schaute durch das Dachfenster in die Sterne, er grinste vor sich hin, denn während er in die Sterne sah, wurde ihm klar, dass Gott ohne Unterlass sprach. Alles um ihn herum waren seine Worte. Man hört die Stille aber nur, wenn man schweigt.

Von da an sprach Elon zu Gott, in dem er schwieg.

(Simon Steiner)

Humor mit Sinn

Rabbi Jakov wurde einmal auf dem Markt von einem Fremden in ein Gespräch verwickelt. Der Mensch reizte ihn schnell mit seinem Geschwätz und seinem ständigen Urteilen. Schließlich stieß ihn der Unbekannte sogar mit dem Ellbogen an und sagte: „Sehen Sie mal den Jungen dort drüben, der ist doch wohl unglaublich hässlich."

Jakov ben Katz nutzte die Gelegenheit und erwiderte scheinbar empört: „Das ist mein Sohn!"

Der andere errötete und stammelte: „Ich bitte vielmals um Entschuldigung, ich wusste nicht, dass Sie der Vater sind."

Der Rabbi konterte nun, noch empörter wirkend, mit: „Also wirklich! Was erlauben Sie sich – ich bin die Mutter!"

Der andere errötete noch mehr und die Augen fielen ihm fast aus dem Kopf.

Unser Reb jedoch wirbelte auf seinen Absätzen herum und verschwand – mühsam ein breites Grinsen unterdrückend – mit wiegenden Hüften in der Menge.

(Clemens Satorius)

Tierische Lehrstunde

Die Schargoroder Chassidim hatten dem Rabbi Jakov ben Katz schon ihre Kleinen anvertraut, dass er sie lehre und den göttlichen Funken in den noch zarten Seelen zum Leuchten anfache. Das tat er auf an die Kinder angepasste Weise.

Einmal fragte er seine Schützlinge, welches Tier denn am gefährlichsten sei.

Ein Knabe sagte aufgeregt: „Der Bär! Der Bär ist das! Ich habe gehört, wenn sich das zottige Pelztier mächtig und brüllend vor einem aufbaut, ist man verloren."

Ein anderer wollte ihn überstimmen: „Die Schlange ist um vieles gefährlicher! Das giftige Kriechtier ist leise und schnell, man bemerkt die Bedrohung gar zu spät."

Ein dritter dazu: „Der Wolf ist furchteinflößender als sie alle! Wehe jenem, den die schlauen Rudeltiere jagen!"

Es kamen noch so manche Gruselgeschichten zu Tage.

Dann setzte Rabbi Jakov einen geheimnisvollen Blick auf und redete mit ernster Stimme zu dem Völkchen: „Ihr wisst über so manches Bescheid, aber am gefährlichsten ist das... Gewohnheitstier!"

Stille. Dann Stimmenwirrwarr: „Hab nie gehört!", „So eins gibt es nicht", „Haha, Rabbi! Du Scherzbold!" und dergleichen mehr.

Der Rabbi wartete ab und fuhr fort: „Doch, doch, solch ein Tier gibt es wirklich - der Mensch ist zuweilen so ein Gewohnheitstier, gedankenlos und träge. Dieses Tieres Macht ist groß, und es „frisst" jede Lebendigkeit und allen Wandel auf."

Der Kleinste aus dem Pulk hakte aber nach: „Rabbi, wie verhält es sich denn mit guten Gewohnheiten?"

„Genauso! Gutes soll uns keine Gewohnheit, sondern ein wahrhaftes Anliegen sein", war des Schargoroders Antwort.

(Ruth Finder)

Platz

Ein Schargoroder Chassid wandte sich nach einigen Missverständnissen von der Gemeinde ab. Entsetzt sei er, hatte man von ihm gehört.

Schon waren die Stimmen laut geworden, man solle ihn sich selbst überlassen und seinen Platz im Gebetshaus räumen.

Rabbi Jakov ben Katz wandte aber ein: „Demjenigen, der sich entsetzt, sollten wir weder den Stuhl unter ihm wegziehen, noch ihm seinen Platz in unserer Mitte verwehren. Vielmehr sollen wir seinen Platz bewahren und solange warten, bis er sich - der Allmächtige helfe uns allen! - wieder dazusetzt, um eine Einigung zu erreichen."

(Ruth Finder)

Nutzlos

In Schargorod lebte ein alter Mann namens Moshe. Seit dem schweren Unglück mit dem Ochsenkarren in seiner Kindheit konnte er nicht mehr ohne Hilfe laufen. Für kurze Wege und im Haus war er auf einen groben Stecken angewiesen. Längere Wege konnte er nur mit Hilfe eines kleinen, von seinem Vater gebauten Wägelchen, das er vor sich herschob, bewältigen.

Damit kam er erstaunlich gut zurecht in seinem Leben und war trotz dieser Einschränkung, aufgrund seiner Hilfsbereitschaft und seines gutmütigen und fröhlichen Wesens, immer ein gern gesehener Gast und hoch angesehenes Mitglied der chassidischen Gemeinde.

Mit höherem Alter verschlimmerte sich sein Gebrechen derart, dass er auch mit Hilfe des Wägelchens nur mehr unter starken Schmerzen seine Freundschaftsbesuche in der Gemeinde tätigen konnte. Doch niemals war er unleidlich deswegen oder ließ sich von den Schmerzen davon abhalten.

Viele in der Schargoroder Gemeinde bemerkten seine Schmerzen und so kamen sie überein, einen kleinen Wagen anfertigen zu lassen, in den er in der Lage war einzusteigen und der von einem Pony gezogen wurde. So sollte Moshe ohne Schmerzen weiterhin seine immer freudig erwarteten Besuche abhalten können. Mit diesem Wunsch wurde Moshe das teure Geschenk überreicht.

Doch das genaue Gegenteil war der Fall. Immer seltener kam der alte Mann zu Besuch. Die Schargoroder wunderten sich und nach einiger Zeit schlug die Verwunderung in Unverständnis um. Und zwar derart, dass bei einem fröhlichen Beisammensein in der Gemeinde, an dem auch Moshe teilnahm, ein Schargoroder sich lauthals ärgernd sagte: „Solch ein nützliches und teures Geschenk und der alte Mann weiß es nicht zu schätzen."

Da brach es aus Moshe, der neben Rabbi Jakov ben Katz saß, hervor: „Rebbe, glaub mir. Ich bin nicht undankbar. Ich weiß, dass es ein sehr kostbares Geschenk ist und viele Bürger ihr schwer verdientes Geld dafür gegeben haben. Doch bin ich ein einfacher Mann und führe ein sehr einfaches Leben. Und damit bin ich sehr zufrieden." Moshe schluckte: „Damit war ich sehr zufrieden. Ich hatte viele Freunde und war trotz meiner Schmerzen gerne mit ihnen zusammen. Doch nun ist alles anders. Ich gehe kaum mehr jemanden besuchen, da ich dazu den neuen Wagen nehmen müsste, um nicht für undankbar gehalten zu werden. Doch der Wagen ist für mich umständlich und passt deshalb einfach nicht zu mir. Doch traute ich mich nicht, es ihnen zu sagen und wieder mit meinem kleinen alten Wägelchen zu kommen. Der neue Wagen, obwohl wunderbar gearbeitet und ein feines Gefährt, ist für mich nutzlos."

Rabbi Jakov legte dem alten Mann verstehend nickend die Hand auf die Schulter und sagte: „Ja Moshe, so ist es selbst mit dem Wissen um das Höchste. Es ist wunderbar. Doch sind wir nicht in der Lage, es in unserem Alltag in Gebrauch zu nehmen, so bleibt es ohne Nutzen."

An diesem Tag gingen viele Schargoroder sehr nachdenklich nach Hause.

(Ruth Gabriel)

Mist

Unter den Bauern in Schargorod gab es eine Redensart. Wenn sie von einer Person eine schlechte Meinung hatten, dann sagten sie: „Der ist nicht mehr Wert als ein Eimer Mist." Jakov ben Katz griff diesen Spruch einmal auf, als es Streitigkeiten unter einigen seiner Schüler gab.

„Seht", sagte er, „nicht ein Einzelner, sondern wir alle sind mit Mist gefüllte Eimer. Die Eimer sind unterschiedlicher Machart, größer oder kleiner, neuer oder älter, voller oder weniger voll. Die Wertunterschiede, die sich daraus ergeben, sind nicht besonders groß. Der Eimer ist immer ein Eimer und der Mist ist - selbst bei einem großen und vollen Eimer - nur eine recht kleine Menge Dünger.

Aber - was man wissen muss - in JEDEM Eimer ist eine Goldmünze. Diese Münzen sind zwar ebenfalls unterschiedlich groß, aber grundsätzlich kann man sagen, dass SIE den wahren Wert ausmachen. Jeder weiß, dass er auch mit einer nur kleinen Goldmünze schon viele Eimer mit mehr oder weniger Mist kaufen könnte. Es ist fast so, dass man sagen kann, eine Goldmünze und ein Misteimer mit einer gleichen Goldmünze darin haben den gleichen Wert.

Die Eimer selbst schauen bei SICH auf die Goldmünze und blasen sich darüber auf. Sie schauen gar nicht auf den Mist. Ja, sie verleugnen ihn vielleicht sogar oder sehen ihn zumindest durch die Goldmünze geheiligt. Bei anderen Eimern schauen sie aber vor allem auf den Mist.

Anders heranzugehen, wäre dagegen richtiger. Jeder Eimer sollte im anderen hauptsächlich die Goldmünze sehen. Und im eigenen Eimer sollte er zwar auch die Goldmünze sehen, aber ohne Stolz. Und mit dem Willen und Wunsch, sie sinnvoll einzusetzen. Und den Mist muss er auch sehen. Dann kann er ihn mit Hilfe seiner Goldmünze entfernen oder sogar in Gold umwandeln. Und den gleichen Prozess sollte er in den anderen Eimern zu fördern und zu unterstützen versuchen."

(Clemens Satorius)

Zweierlei Maß

Ein Nachbar des Reb von Schargorod lieh sich, wenn er irgendetwas brauchte, dies immer gerne bei Jakov ben Katz aus, denn zum einen hatte er es so nicht weit, und zum anderen wusste er, dass der Rabbi immer bereit war, zu helfen, wenn er konnte. Mit dem Zurückbringen nahm der Nachbar es aber nic so genau. Dabei ging es ihm nicht darum, etwas zu behalten, sondern er nahm die Rückgabe einfach nicht wichtig.

So musste Jakov ben Katz dann immer, wenn er einen verliehenen Gegenstand selbst brauchte, zu seinem Nachbarn hinübergehen und um Rückgabe bitten. Und der Nachbar gab ihm sein Eigen auch immer bereitwillig zurück, manchmal noch mit der Anmerkung: „Ich wollte es sowieso morgen bringen." Und immer mit einem freundlichen Lächeln.

Wenn Jakov ben Katz manchmal vor einem Verleih darum bat, dass der Nachbar seine Axt, oder was immer er sich gerade lieh, doch nach Gebrauch zurückbringen möge, dann wies der Nachbar immer weit von sich, dass es da zu Verzögerungen kommen könne.

Verwies Jakov ben Katz jedoch beim Abholen seines Eigentums darauf, dass er schon seit Tagen auf die Rückgabe warte und doch zügiges Zurückbringen abgesprochen gewesen sei, dann wurde das Lächeln des Nachbarn zusehends dünner, und wenn der Reb dann noch bemerkte, dass so er die Lauferei habe, wo dies doch eigentlich die Aufgabe des Leihenden gewesen wäre, schwand das Lächeln ganz und der Nachbar war schnell schon fast verärgert. Es war offensichtlich, dass durch weiteres Beharren auf der Lage der Dinge zuletzt ein echter Streit entstehen würde, so sehr weigerte der Nachbar sich, eine einfache Tatsache einzusehen, die seinem Selbstbild widersprach - nämlich, dass er ein freudiger Ausleiher, aber ein schlechter Zurückbringer war.

Manchmal musste auch der Rabbi sich etwas von einem seiner Nachbarn ausleihen, und gerne ging er dann zu dem Nachbarn, der sich auch häufig bei ihm versorgte. Wenn er dann den ausgeliehenen Gegenstand benutzt hatte, brachte er ihn sauber und ordentlich zu seinem Nachbarn zurück. Ganz selten jedoch hielt er ihn aber absichtlich zurück, und schon nach kurzer Zeit stand der Nachbar vor der Tür und forderte mit gerötetem Gesicht die Rückgabe seines freundlichst gewährten Leihgutes. Dann geißelte er mit scharfen Worten unzuverlässige Leiher, die ihm auch noch die Zeit stahlen, indem sie ihn zwangen, selbst sein Eigen zurückzuholen. Jakov ben Katz gab sich dann zerknirscht, bat um Entschuldigung und versprach zügige Besserung.

Wenn er dann die Tür hinter dem zornig davongehenden Nachbarn schloss, schüttelte er bei sich den Kopf und dachte: „Solange wir Menschen auf dieser Welt nicht mit klarem Blick unsere eigenen Fehler zu erkennen und zu beheben lernen und gleichzeitig die Fehler der anderen mit Milde und Nachsicht betrachten können, solange werden wir auf die Ankunft des Moschiach warten müssen."

Und der Rabbi war sich dabei wohl bewusst, dass man dies auch andersherum fassen konnte und musste: „Solange wir nicht ohne inneren Aufruhr eine Kritik von außen als mögliche Hilfe sehen können – sei sie nun wahr, oder sei sie eben nur eine Prüfung für unseren Gleichmut – und solange wir nicht ohne inneren Aufruhr durch Empörung oder Furcht eine Kritik an einem anderen aussprechen können, solange wird der Moschiach auf sich warten lassen."

(Clemens Satorius)

Das Licht

Rabbi Jakov ben Katz wurde oft gefragt, wie er den geistigen Weg in der Welt beschreiben würde. Seine Antworten waren vielfältig: Überraschend oder schon bekannt, bildhaft oder nüchtern, kurz oder auch länger, humorvoll oder von tiefgründiger Ernsthaftigkeit, an den Fragestellenden angepasst oder auch so, dass sie jemanden dazu veranlassten, selbst weiter nachzudenken.

Einmal fragte ein Schüler den Rabbi, wie sein - des Rabbis - Weg so sei. Der Schargoroder antwortete: „Ich gehe an einem sonnigen Tag eine breite Allee entlang und Licht und Schatten wechseln sich zu meiner Freude auf meinem Gesicht ab."

„Es gibt aber auch graue Tage. Wo ist da die Freude?", warf der Schüler ein.

„Und an einem grauen Tag gehe ich mit Freude diese Allee entlang, denn ich weiß, dass das Licht hinter den Wolken doch immer noch da ist."

Alle Meister sind allzeit voller Freude, weil sie wissen und erleben, dass das ewige Licht Gottes trotz aller Umstände auf immer und ewig auf uns scheint.

(Ruth Finder)

Buchstabenspiel

Rabbi Jakov ben Katz von Schargorod war sehr mitfühlend und voller Anteilnahme für seine Mitmenschen.

Er konnte nicht Leute leiden sehen. Wo es nur ging, stand er ihnen mit Rat und Tat zur Seite. Aber manchmal fruchtete auch einfühlsames Zuhören und Zureden nicht.

Dann griff der Rabbi zu einem Mittel, das schon einigen aus ihrem Elend heraushalf. Er zeigte seinem Gegenüber einen ungewöhnlichen, gar unerwarteten - ob ernsten oder witzigen - Blickwinkel in der Sache. Fast immer sorgte das für eine freudige Heiterkeit, die die Menschen aufatmen ließ. So auch dieses Mal:

Als der Rabbi Jakov sich mit einem befreundeten Rabbiner in der Schul unterhielt, kam ein Chassid herein und klagte sein Leid.

„Ungutes habe ich gedacht und getan, und das lastet schwer auf mir. Ich weiß weder ein noch aus. Mit großer Betrübnis im Herzen habe ich zu Gott gebetet. Vergebens! Mein Vertrauen schwindet gar sehr! Wie ein dichter, undurchdringlicher Nebel hüllt mich diese unselige Stimmung um. Wie kann ich der Trübnis entkommen?!"

Rabbis Freund sagte zu dem Chassid: „Jeder Nebel verzieht sich irgendwann und dann kannst du wieder klar sehen. Hab nur Vertrauen und Geduld!"

Der Geplagte saß stumm da und sein Schweigen sprach die Sprache eines Verzweifelten, der nichts mehr aufschieben wollte.

Der Rabbi nickte seinem Freund zu und wand sich mit einem heiteren Blick an den Mann: „Mein lieber Bruder, du brauchst doch nicht warten. Betrübnis ist nur die halbe Sache und nicht die ganze. Bringe jetzt schon der aufgehenden Sonne Freude und Zuversicht entgegen. Kehre deine Sicht um. Und aus Nebel wird Leben!"

Es dauerte ein wenig, bis den beiden anderen der Sinn des Buchstabenspiels aufgegangen war. Aber des Rabbis Mittelchen wirkte.

(Ruth Finder)

Drei

„Was braucht es, Rabbi, damit man möglichst schnell auf dem Wege der Chassidim vorankommt?" wurde Jakov ben Katz einmal von einem von weit her angereisten Suchenden gefragt.

„Nun, als erstes darf man keine Eile haben", sagte der Rabbi lächelnd, „aber trotzdem berichte ich Dir einmal von dreien meiner Schüler und du magst daraus deine Schlussfolgerungen ziehen.

Alon und Ilan sind beide schon seit mindestens zwanzig Jahren meine Schüler. Alon ist ein echter Gelehrter. Als ich ihn kennenlernte, war er ein sehr nachdenklicher junger Mann. Dieser Vorgabe ist er seit vielen Jahren gefolgt. Er denkt tief und hat ein ebenso tiefes Verständnis und Erinnerungsvermögen. Leider war er schon immer etwas schwermütig und nicht sehr gesellig.

Ilan dagegen war schon ein fröhlicher junger Bursche, als ich ihn das erste Mal bei mir empfing. Er hat seine Studien mit Frohsinn und Leichtigkeit verfolgt, wenn er musste. Ebenso leichthin hat er sie aber auch sein gelassen, wenn sich Gelegenheit bot. Wissen und kluges Verständnis hat er sich nicht sehr viel angeeignet, aber seine Fröhlichkeit hat er vertieft und dazu eine großer Herzlichkeit entwickelt.

Könnte man sagen, der Weg sei soundso lang, dann würde ich schätzen, dass Alon in den zwanzig Jahren seiner Schülerschaft etwa ein Drittel zurückgelegt hat und Ilan in derselben Zeit etwa zwei Drittel.

Ich habe aber seit etwa fünf Jahren einen Schüler namens Schachar. Er war recht durchschnittlich, als er bei mir ankam. Und ich meine das so, dass er nicht gleichmäßig „irgendwie" war, sondern er konnte fröhlich und traurig, wissbegierig und geradezu vernagelt sein - je nach Tageslaune, ja Stundenlaune.

Es war anfangs nicht leicht, ihm eine gewisse Ausrichtung zu vermitteln, zumal er auf Wunsch seines Vaters zu mir gekommen war, und nicht aus eigenem Antrieb. Aber mit etwas Geduld und der Fähigkeit, ihn in den richtigen Augenblicken auf die richtige Weise anzuspornen, ist es mir schließlich gelungen, seinem sprunghaften Mittelmaß eine Neigung in die richtige Richtung zu geben.

Kaum war das geschehen, summierten sich wie von selbst (!) die guten Eigenschaften, unterstützten sich gegenseitig. Freude, Bereitschaft, Wissensdurst und Erkenntnis wuchsen bei Schachar in kurzer Zeit ganz erstaunlich und ich würde sagen, dass er Alon und Ilan nach nur fünf Jahren deutlich übertrifft. Zum Glück ist Schachar bei allem auch noch demütig, hilfsbereit, freigiebig und freundlich geworden. Eine verborgene Neigung zu Hochmut und Dünkel wären aus meiner Sicht die einzigen Schwächen, die ihn jetzt noch zu Fall bringen könnten. Wahrscheinlich aber wird er einmal die Freude meines Alters werden."

(Clemens Satorius)

„Unbelehrbar"

Es passierte einmal, dass ein junger Chassid aus der Schargoroder Gemeinde in die große Stadt ging, sich erst den Aufklärern anschloß und dann allmählich der Wissenschaft verfiel.

Bei einem Heimataufenthalt suchte er den Rabbi Jakov auf und wollte auch bei ihm für ein begründetes, geordnetes, für gesichert erachtetes Wissen werben, denn von der Mystik seines Lehrers war der ehemalige Schüler abgerückt. Zu ungenau, nicht leicht zu erfassen, empfindungs- und gefühlslastig, ja oft verwirrend erschien sie ihm mittlerweile.

Er redete lange über die Vorzüge der Wissenschaft. Der Rabbi hörte interessiert zu. Es war Abend geworden und Rabbi zündete ein paar Kerzen an. Da gab der junge Mann sein Wissen über den elektrischen Strom zum Besten. „Tja, ein Lämpchen wäre doch jetzt gerade gut", fügte er ironisch zu.

Der Rabbi sagte aber begeistert: „Das sage ich doch: Unsere Selbstsucht ist beständig in ihrer Unbeständigkeit, kraftvoll und wandelbar. Unser göttlicher Funke ist beständig in seiner Beständigkeit, ist auch kraftvoll und wandelt sich durch unsere Fortbewegung auf den Herrn zu. Nur, das Erstere ist negativ geladen, das andere positiv. Deswegen ist es sehr schwer, im Strom der wandelbaren Welt die beiden auseinander zu halten. Aber bei dem Herrn wird dieses Gesetz aufgehoben, es wird zu etwas anderem in Beziehung gesetzt. Dieses Andere müssen wir erforschen. Das ist Gesetz der Liebe!"

Der junge Aufklärer schüttelte nur den Kopf ob solcher Unbelehrbarkeit.

Aber Rabbi Jakov ben Katz sagte zu ihm belustigt: „Ach, Söhnchen! Es wird nicht lange dauern, da findet sich einer aus euren Reihen ein, der von euren Erklärungen und Gesetzlichkeiten kEINen STEIN auf dem anderen liegen lässt."

(Ruth Finder)

Große und kleine Brüder

Rabbi Jakov ben Katz nannte die Engel kleine Brüder der Menschen und ihre Helferlein. Auf die Nachfrage, wie das stimmen könnte, wohnten doch die Engel hoch im Himmel, erzählte er folgende Geschichte:

„Einst am Anfang der Zeit vernahm der Schöpfer lautes Gedränge an der Pforte zu seinem Reich. Er schickte einen Diener auf Erkundung. Zurückgekehrt berichtete dieser, dass eine Menge Menschen und Engel vor dem Tor stünden und um Einlass bitten würden.

„Geh zu ihnen und überbringe dieses mein Wort! Drei Säulen sollen sie bauen. Die eine Säule hat mit einem selbst zu tun, die andere stützt eines jeden Nächsten, die dritte im Gebilde umfasst Orte und Dinge aller Art. Gelingt es ihnen, schon die ersten Säulensteine auf die richtige Weise zu legen, bekommen sie von mir genug Mörtel zum Weiterbauen. So schaffen sie sich einen eigenen Zugang zu meinem Reich, der von diesen drei Säulen gestützt werden wird.“

Der Diener tat, was ihm auferlegt wurde.

Die Engel hatten nichts zur Hand, womit sie die Säulen errichten könnten, und sie wussten nicht, wie sie diese bauen sollten. Die Menschen aber trugen eine ganze Menge Stolpersteine der Erfahrung bei sich. Und einige von ihnen wussten, wie die Säulen auf keinen Fall zu bauen wären.

Seitdem geht den Menschen die Arbeit an den Säulen nicht aus. Die Engel schauen zu den Menschen ob ihrer Aufgabe auf und reichen ihnen fleißig den vom Schöpfer bereitgestellten verbindenden Mörtel zu. So erfüllt jeder das seine.“

(Ruth Finder)

Alte Brillengläser

Rabbi Jakov ben Katz saß mit seiner Frau Perle in der heimeligen Stube vor dem wärmenden Feuer des Kaminofens und seufzte tief. Perle ließ die Stickerei, an der sie arbeitete, auf ihren Schoß sinken und schaute ihren Gatten aufmunternd an. Nach so vielen gemeinsamen Jahren wusste sie sämtliche Seufzer des Rabbis zu deuten. Dieser Seufzer gehörte eindeutig zu denen, die der Rabbi bei Ratlosigkeit von sich gab. Er begann zu erzählen: „Ach Perle, der gute Naftali macht mir große Sorgen. Jedesmal wenn ich ihn treffe, erzählt er mir, wie dunkel die Welt um ihn herum sei. Egal, was ich ihm auch rate, er antwortet mir immer dasselbe: Ich würde ihn nicht verstehen. Es bekümmert mich tief, zu sehen, wie er in seiner Einsamkeit versinkt, und ich weiß mir einfach keinen Rat."

Perle sah ihren Mann voller Zuneigung an und sprach: „Mein lieber, lieber Jakov, ich kenne dich als einen sehr weisen und fürsorglichen Rabbi. Aber alle Weisheit und Fürsorglichkeit der Welt kann nichts ausrichten bei dunkel eingefärbten, alten Brillengläsern."

(Ruth Gabriel)

Das Motto

Rabbi Jakov hatte einen unter seinen Schülern, der wiederholt am Ende der gemeinsamen Sitzungen mit wichtiger Stimme und triumphierend nach allen Seiten schauend verkündete: „Ja, genau das habe ich mir gedacht!" oder „Denke ich doch auch!" Nun hatte derselbe Schüler, naja, im Leben die Einsicht öfters vermissen lassen.

Eines Tages richtete der Zaddik an diesen jungen Mann die Frage: „Dies und jenes hast du gedacht, aber hast du das auch begriffen?"

„Ist das nicht das gleiche?" fragte dieser seinerseits.

Der Rabbi verneinte: „Der Verstand ist wohl für das Erstere zuständig, aber um wahrhaftig zu verstehen, ja zu begreifen, braucht man auch das Herz. Aber Obacht, denn man muss Herz und Verstand zusammenbringen. Das ist keine leichte Aufgabe. Aber nur so kommt man auf dem Wege voran."

Dann erzählte der Rabbi augenzwinkernd eine Geschichte: „Als Gott und der Dämon kurz vor ihrer Mission in den Welten standen, suchte sich ein jeder von ihnen einen Spruch, mit dem sie die Seelen zu erobern hofften. Der Teufel ließ sich diesen auf die Fahne schreiben: Ich denke, also bin ich!

Gott aber wählte jenen: Ich begreife, also werde ich!

Seitdem ist die Hölle voll und der Himmel auserlesen."

(Ruth Finder)

Von allem lernen

Das Städtchen Schargorod, in dem Rabbi Jakov ben Katz mit seiner Frau Perle lebte, lag mitten in herrlicher Natur. Flüsse, Seen, Wiesen, Felder und Wald – alles war da. So oft er konnte, machte der Reb ausgedehnte Spaziergänge in der Umgebung. Er war stets neugierig und bald kannte er sich ganz gut mit Tieren und Pflanzen aus. Dabei wusste der Reb seinen Beobachtungen auch etwas Lehrreiches abzugewinnen. Eines Tages nahm er seine Frau mit in den Wald. Nach eine Weile sagte er zu Perle: „Von allem vermag man zu lernen und alles, was Gott geschaffen hat, vermag uns zu lehren. Auch die Kreaturen des Waldes."

„Ja? Was können wir, mein Lieber", fragte ihn Perle zweifelnd, „zum Beispiel von den Ameisen lernen?"

„Dass man zusammen etwas Großes schaffen kann", antwortete der Schargoroder.

„Und von der Weinbergschnecke?"

„Dass, wenn man seinen Frieden gefunden hat, man überall zu Hause ist."

„Was lerne man denn von dem Elch?"

„Dass auch die Großen mal klein angefangen haben."

Perle fand Gefallen an dem Spiel und fragte weiter: „Was ist mit dem Kauz?"

„Wir müssen unseren Blickwinkel erweitern."

„Was können wir von der Fliege lernen?"

„Dass wir nicht viel Zeit in diesem Leben haben."

„Und von dem Reh?"

„Dass wir vor Versuchungen immer auf der Hut sein müssen."

Inzwischen waren die beiden am Fluss angekommen. Da fragte Perle: „Was könnten wir von den Fischen lernen?"

Der Rabbi sagte nachdenklich: „Dass nicht alles, was glänzt, uns auch zum Guten ist."

(Ruth Finder)

Märchen verstehen

Wie schon erwähnt, sorgte sich der Schargoroder Rabbi um die Kleinen seiner Gemeinde - er unterrichtete sie. Die Kinder kamen öfters auch zu ihrem Lehrer nach Hause. Nach einigen Malen - als sie auf den Rabbi warten mussten, weil er im Bethaus verhindert worden war - entschloß sich Perle, etwas zu unternehmen. Denn, was tun mit der lauten, herumwirbelnden Schar?

Als kleines Mädchen hatte sie von ihrem Vater lesen und schreiben gelernt. So kam ihr in den Sinn, den Kindern Märchen vorzulesen und damit – zu aller Freude – die Zeit bis zum Erscheinen des Rabbis zu überbrücken. Sie fuhr in die nächst größere Stadt und kaufte in einer gut sortierten Buchhandlung ein schönes Märchenbuch.

Die Kinder waren begeistert. Sie lauschten gebannt Perles ruhiger Stimme. Ihnen öffnete sich eine wundersame Welt voller Zauber, Helden und Schurken, Königen und Hexen, sprechenden Tieren und lebendigen Dingen.

Eines Tages suchte Perle das Buch aber vergeblich. Sie wollte eigentlich etwas drinnen nachschlagen und fand es nicht an dem gewohnten Platz.

Plötzlich hörte sie aus der kleinen Kammer unter der Treppe kommend wiederholt ein glückseliges Jauchzen gefolgt von tiefem Seufzen; dann wieder Stille, die von den Ausrufen „Ach so!" oder vom nachdenklichen „Wie wahr!" unterbrochen worden war.

Verwundert kam sie näher und vernahm mehr schlecht als recht ein Murmeln:

„... Und das Wetter! Die Wolken, das aufbrausende Meer! ...Nichts gemerkt, ...wie ein Sklave. ...Diese große Leere, Hochmut. ...alle... wie dieser arme Fischer und erst sein Weib! Aber Gottes Geduld in aller Ehre!"

„...ach, die Erbse, die Erbse! Jetzt verstehe ich. Wie wunderbar ...mein Seelenschatz! Wie viele dieser Matratzen und Eiderdaunendecken, ich meine, dieser weltlichen Schichten, sind denn noch über ihm?! ...auch ich bin wund und ruhelos."

Und weiter noch hörte sie etwas von „Entlein und Gottes Kindern", von „Kleidern und Wahrheit", von „Hans und Freiheit", von „Geschwistern, Finsternis und zurück zum Gott-Vater".

Nun war Perle neugierig geworden. Sie klopfte an der Tür und machte sie sogleich auf. Sie sah, wie ihr Mann auf dem Boden der winzigen Kammer kauerte und das Märchenbuch fest in den Händen hielt.

„Du liebe Güte, Jakov! Gib mir doch das Kinderbuch! Ich suche es überall!"

„Meine werte Frau!", sagte der Rabbi, „Mir scheint, dass die Zaubergeschichten unser aller Lektüre sein sollten. Für die Unwissenden sind sie ein Vergnügen, aber für diejenigen, die auch nur ein Zipfelchen des Wissens in der Hand halten, sind sie eine Lehre."

(Ruth Finder)

Eins nicht ohne das andere

Ein Mann hatte von der großen Weisheit des Schargoroders gehört und sich auf die Reise zu ihm begeben. Als er bei ihm eintraf, berichtete er aufgeregt, dass er es einfach nicht schaffe, sich seinen Mitmenschen gegenüber recht und gerecht zu verhalten. Immer wieder gäbe es – bei genauerer Prüfung seiner selbst – zahlreiche Übertretungen, Gedankenlosigkeiten und sogar Grausamkeiten. Aufgrund dieses Makels fürchte er zunehmend den Zorn des Herrn und finde keine Ruhe mehr.

Der Reb nahm ihn zur Seite und sprach: „Wenn du dich nicht recht und gerecht deinen Mitmenschen gegenüber verhalten kannst, dann verhalte dich zumindest recht und gerecht dir selbst gegenüber, und du kannst gerettet werden." Damit schickte er ihn nach Hause.

Ein andermal erschien ein Mann, der ebenso aufgeregt davon berichtete, dass er sich zwar darin versuche, in jeder erdenklichen Hinsicht Recht und Gerechtigkeit gegenüber sich selbst zu üben, dass er dies aber – bei genauer Selbstprüfung – einfach nicht schaffe und sich in zahlreichen Zusammenhängen verurteile, schlechtmache, herabsetze und für unwert halte. Und da er hierin klar sehe, werde der Herr ihm gewiss allzubald seinen Segen entziehen.

Der Reb zog ihn an seine Seite und sprach: „Wenn du dich nicht recht und gerecht dir selbst gegenüber zu verhalten vermagst, dann verhalte dich zumindest recht und gerecht gegenüber deinen Mitmenschen, und du kannst gerettet werden." Damit schickte er auch diesen Mann nach Hause.

Von beiden Männern hörte er nach einigen Jahren aus den verschiedenen Städten ihrer Herkunft, dass sie eifrige, ja strahlende und ausstrahlende Mitglieder ihrer Gemeinden geworden waren, die sich dadurch vor allen anderen auszeichneten, dass sie in großem Verständnis und Einfühlungsvermögen allezeit Recht und Gerechtigkeit sich selbst und ihrem Umfeld gegenüber wirkten.

(Clemens Satorius)

Dankbarkeit

Als der Schargoroder Zaddik einmal mit einem seiner jungen Chassiden namens Isaak ihr Bethaus betrat, um die für den Schabbes notwendigen Vorbereitungen zu treffen, war ein unscheinbares altes Männlein, das alle Juden umzu „Leib den Knecht" nannten, bereits am Schaffen und Werken. Nachdem er höflich gegrüßt hatte, ging er den beiden Chassiden aus dem Weg und werkelte an anderer Stelle im Hause.

Jakov ben Katz sagte zu seinem Begleiter: „Dieser wird am Tage seines Todes ungeprüft direkt ins oberste Paradies eingehen und von allen dort mit großer Ehrerbietung empfangen werden."

Isaak wirkte zutiefst erstaunt. Leib war ihm nie als Mann großer Taten oder großer Worte aufgefallen. Auch große Heiligkeit konnte er nun gar nicht an ihm wahrnehmen. Seine Verblüffung konnte er nur in zwei kurze Worte fassen: „Wie das?"

Der Zaddik erwiederte mit fröhlicher Miene: „Er hat die höchste Stufe der Dankbarkeit erklommen."

Isaak konnte es immer noch nicht fassen: „Aber ich habe von ihm noch nie ein Wort des Dankes gehört - über das normale Maß des höflichen Umgangs untereinander hinaus. Denke doch da einmal an Schimon, der ist dagegen ein großer Dankbarer vor dem Herrn. Er dankt allenthalben für alles und so viel, dass es einem manchmal sogar schon fast lästig wird."

„Siehe", unterwies ihn daraufhin Jakov ben Katz, „es gibt verschiedene Stufen von Undankbarkeit. Die traurigste von ihnen ist die Stufe, auf der ein Mensch gar nicht sieht, wofür er alles dankbar sein könnte und sollte. Die ungerechteste Stufe ist die, welche einen Menschen denken lässt, dass er nichts zu danken habe, sondern nur empfange, was ihm zustehe. Die zugleich am weitesten von der Überwindung entfernte und der Überwindung am nächsten liegende Stufe ist die, die einen Menschen in einer inneren Erstarrung hält, in der er zwar meint, das Dankenswerte zu erkennen, aber den Dank nicht aus sich herauslassen kann. Und wie kann man Dank aus sich herauslassen, Isaak? - Nun schnell, sage es mir."

Isaak stammelte, sammelte sich und sagte endlich kurz und knapp: „Durch Tanz, Dankeswort und Tat."

Und der Zaddik schlug ihm die Mütze vom Kopf, begann zu tanzen und rief: „Der Tanz ist Freude und Dank für den Herrn, aber die anderen beiden sind die weit voneinander entfernten Stufen der Dankbarkeit. Eine nah am Nichts, eine nah am Paradies. Eine nur Schall, eine aber Verwandlung."

Von diesem Tag an betrachtete der junge Isaak Leib den Knecht wie einen Engel, der im Bethause umherschritt.

(Clemens Satorius)

Geschickter Rat

Rabbi Jakov ben Katz von Schargorod hatte unter seinen Schülern drei, die sich voneinander sehr unterschieden. Einer von den Dreien war in der Lehre ziemlich bewandert, verbrachte viel Zeit in der Schul des Rabbi und war um ein schlaues Wort oder eine belehrende Bemerkung nie verlegen.

Der zweite Schüler war lieber unter Leuten und half ihnen, wo er nur konnte. Vergaß aber sich selber dabei. Das tat ihm nicht gut: Auszehrung seiner Kräfte und Getriebensein kehrten langsam bei ihm ein.

Der Dritte wiederum wusste beides gut anzuwenden, zog sich aber beständig zurück.

Eines Tages kamen alle drei nacheinander zum Rabbi nach Haus und baten ihn um eine Unterweisung. Und jedem hat er das gleiche gesagt: „Du sollst deinen Nächsten lieben wie dich selbst." (3Mo 19.18)

Seine Frau Perle konnte all das durch die halb geöffnete Tür im Nebenzimmer verfolgen. Sie kannte die Verschiedenheit der Schüler, umso größer war ihr Staunen ob des gleichen Rates. Auf ihre Nachfrage erklärte Jakov ben Katz: „Der Erste muss dieses tun. Der Zweite verstehen. Der Dritte lehren."

(Ruth Finder)

Warum die Meister tanzen

Warum heißt es, dass die Meister immerzu tanzen? Nicht nur auf den Feiern unserer großen Feste?" wurde Jakov ben Katz einmal im Stillen von einem Schüler gefragt, als außer ihnen noch keine anderen in der Schul eingetroffen waren. „Ich habe schon davon gehört, dass mit dem Tanzen der Meister ihre Fähigkeit gemeint ist, in wechselnden Situationen immer das Richtige zu tun, aber gibt es darüber hinaus mehr zu wissen?"

Der Rebbe strich sich über den Bart und meinte: „Lassen wir zuerst einmal deine überzogene Vorstellung von Meistern außer Acht, die ‚immer das Richtige tun'. Wenn ich dir die Geschichte dahinter erzähle, dann wirst du das Tanzen selbst mehr als Weg, denn als Endzustand begreifen. Es ist nämlich so:

Als unser aller Seelen zum ersten Male in diese Welt hinab-gestiegen sind, waren sie von großer kindlicher Freude und Begeisterung erfüllt. Diese Begeisterung trug sie auch noch, als sie mit ihrer Ankunft in den Schatten des Nicht-Erinnerns eintraten. Sie sahen sich in der Welt um und erlebten sich plötzlich als ganz allein im Zentrum stehend – alles andere und auch alle anderen Seelen waren um sie herum gruppiert und schienen ganz auf die einzelne Seele im Zentrum bezogen und gerichtet zu sein.

Da begann die Einzelseele in ihrer Begeisterung sich zu drehen, zu tanzen, sich zum einen hinzubewegen, anderes zu berühren, manches zu meiden und spielerisch sich in mehr und mehr Beziehungen zu setzen. Sie verwickelte sich zunehmend, die Leichtigkeit der Bewegung schwand, aber gleichzeitig war das Tanzen, das Ergreifen, die Lust daran zum Selbstzweck geworden. Dies ist der Zustand, in dem die Vielen in dieser Welt seitdem verharren – immer bereit, noch eine Drehung zu all den anderen hinzuzufügen.

Die Rückbesinnung, die Umkehr tritt bei manchen Menschen ein, wenn sie sich ganz bis in die tiefsten Tiefen der Welt und der Verwicklung hineingetanzt haben, und wirklich keine einzige Bewegung mehr weiter hinein möglich ist.

Andere begreifen schon etwas früher, dass sie diese Art Tanz zu nichts führt.

Manchmal – und wünschenswerterweise – ist es Rechtleitung durch einen Weg wie den der Chassidim. Manchmal finden die Seelen selbst heraus, was sie bisher falsch gemacht haben. Alle aber beginnen langsam einen Tanz in die andere Richtung. Zuerst ist das vielleicht nicht wirklich spürbar. Es mag mehr eine geistige Umorientierung sein.

Aber – wenn die Seele nicht doch wieder an neuen Dingen haftet, neue Eindrücke ergreift und sich in ihnen verwickelt – bei allen beginnt der Tanz langsam an Geschwindigkeit, an Zielgerichtetheit, auch an Grazie und Schönheit zuzunehmen. Und bei denen, die wir Meister nennen, sind diese Eindrücke schon so klar, dass Außenstehende es spüren, erkennen, davon beeindruckt sein können. Aber um ehrlich zu sein, der Tanz heraus aus der Verwicklung ist bei ihnen nicht beendet. Sonst wären sie ja nicht mehr hier und müssten, und könnten, und dürften weiter tanzen.

Denn du musst wissen, der Tanz heraus ist eine große Freude. Eine wirkliche Freude. Und diese Freude versuchen die Meister sichtbar zu machen, wenn sie auf unseren Festen tanzen, dass sich die Balken in den Festsälen biegen und himmlisches Licht hell zwischen den flackernden irdischen Kerzen und Leuchtern strahlt."

Und dann, nachschauend, ob nun denn schon andere anfingen, in die Schul hineinzustreben, fasste der Rebbe seinen Schüler bei den Händen und hob an, für ein paar flüchtige Augenblicke mit dem Schüler zu tanzen, die dieser aber sein Leben lang nicht wieder vergaß, denn er fühlte sich und seinen Lehrer dabei in eben dem beschriebenen himmlischen Licht sich drehen und in die rechte Richtung tanzen.

(Clemens Satorius)

Glaube und Vertrauen

Eines Morgens saßen Rabbi Jakov ben Katz und seine Frau Perle in der Stube. Der Rabbi putzte die Menora aus dem Bethaus. Perle streichelte die Hauskatze. Die Katze genoss die Zuwendung, schnurrte vor sich hin und schlummerte gemütlich auf Perles Schoß ein. Der Rabbi war inzwischen mit seiner Arbeit fertig und wollte sogleich den siebenarmigen Leuchter in das Bethaus bringen.

„Ich gehe mit dir", sagte Perle. Mit einer leichten Bewegung streichelte sie der Katze das Fell gegen den Strich, dass sie aufwache. Die aber fuhr mit lautem Miauen aus dem Schlaf hoch, schaute entsetzt ihr Frauchen an und lief beleidigt davon.

Vergeblich hatten die beiden die Katze gerufen. Erst am nächsten Morgen ließ sie sich wieder blicken.

Da sagte Rabbi Jakov ben Katz: „So manch einer glaubt zu glauben, doch geht ihm etwas gegen den Strich, dann ist sein Vertrauen dahin. Aber Glaube und Vertrauen gehören doch zusammen! Was ist das für ein Glaube, der nur da ist, solange es einem gut geht?"

(Ruth Finder)

Nachteil

In Schargorod gab es zwei Chassidim, die waren Brüder. Einer war blind und der andere war stumm. Da aber beide recht gut hören konnten und sie schon etliche Jahre im Schul- und Bethaus hinter sich hatten, hatten sie sich in all der Zeit ziemlich gut zurechtgeschafft und nicht mehr viel trennte sie davon, dass sie selbst als Gerechte galten. Ihr Zugang zur Herrlichkeit war ausgeprägt, und wenn sie im Bethaus stampften, klatschten und tanzten, konnte sich jeder davon überzeugen, aber untereinander hatten sie einen Streit.

Hirsch, der blinde Bruder, war fest überzeugt, dass er, wenn er nur sehen könnte, die Herrlichkeit in einem Gemälde würde festhalten können. Itzhok, der stumme Bruder, war sicher, dass er, wenn er nur sprechen könnte, statt alles aufschreiben zu müssen, die Herrlichkeit in Worte zu fassen fähig wäre. Insgeheim warfen sie damit einander vor, dass der jeweils andere seine Fähigkeiten nicht voll in den Dienst des Herrn stelle.

Rabbi Jakov ben Katz, der diesen Mangel wie mit Kohle auf ihre Stirnen geschrieben sehen konnte, sagte dazu: „Beide haben es nicht. Und sie werden es auch nicht bekommen, solange sie den anderen im Vorteil wähnen."

(Clemens Satorius)

Guter Anfang

Ein Chassid suchte den Schargoroder Rabbi auf, um bei ihm in die Lehre aufgenommen zu werden. Von dem Rabbi nach seinem Ansinnen gefragt, verkündete der Mann, dass er allein die Vollkommenheit anstrebe. Nicht mehr und nicht weniger.

„Ich will alle willkommenheißen!", fuhr er weiter fort.

„Es reicht, wenn du sie nicht beschimpfst", sagte Rabbi Jakov ben Katz zu ihm.

„Ich will alle umarmen!", sprach der Chassid unbeirrt weiter.

„Es reicht, wenn du sie nicht schlägst", erwiderte der Rabbi.

„Ich will alle lieben!", rief der Mann fast trotzig aus.

„Es reicht, wenn du sie nicht hasst", bemerkte Rabbi Jakov.

„Ich will Gott und allen seinen Dienern dienen!", schrie der Chassid nun gar.

„Es reicht, wenn du dem Satan nicht auf den Leim gehst", gab ihm der Schargoroder ruhig Bescheid.

Gänzlich verwirrt, zwischen Ärger und Ohnmacht schwankend, warf der Mann dem Rabbi vor: „Aber so komme ich doch zu keinem guten Ende!"

Der Zaddik nahm den Chassiden in den Arm. „Es reicht, wenn du einen guten Anfang machst", war seine Antwort.

(Ruth Finder)

Mit aller Kraft

Ein Schüler kam mit traurigem Gesicht zum Schargoroder Zaddik: „In den Unterweisungen hören wir an verschiedenen Stellen, dass wir uns - wenn wir denn eine Sache als richtig erkannt haben - mit aller Kraft dieser Sache widmen sollen. Ich muss ein schlechter Mensch sein, denn ich bin dazu einfach nicht in der Lage. Ich ermüde, bin von anderen Dingen abgelenkt und manchmal kann ich die eine Sache gar nicht im Auge behalten."

Jakov ben Katz lächelte: „Du hast ein falsches Verständnis von ‚sich einer Sache mit aller Kraft widmen'. Du sollst dich einer Sache mit ganzer Kraft widmen, wenn du dich ihr widmen kannst. Erstens gibt es verschiedene Sachen, denen man sich widmen muss und zweitens musst du deine Kraft gelegentlich erneuern, wenn du dich verausgabt hast. Auch deine Erholung dient dem Einsatz."

Der Schüler schien erleichtert, aber auch misstrauisch: „Aber warum wird dann so missverständlich davon gesprochen?“

„Wegen dem bösen Feind, der dich immer versuchen wird, wenn du ihm einen losen Zügel zeigst. Es ist leichter, ein schnelles Pferd zu bremsen, als ein lahmes zum Gehen zu bewegen.“

(Clemens Satorius)

Ernte

Rabbi Jakov ben Katz ging mit einem seiner Schüler über den Markt und erfreute sich an den vielen Ständen, an denen wunderbares Obst und Gemüse feilgeboten wurde. Immer wieder blieben sie stehen, um sich am Wohlgeruch eines Apfels oder der verschiedensten Kräuter zu erfreuen. Plötzlich herrschte ihn mit funkelnden Augen ein Standbesitzer an: „Was soll das? Legt sofort die Ware zurück! Ihr wolltet mich bestehlen! Hört her, ihr Leute, der feine Rabbi ist ein Dieb!“

Erschrocken schaute der Schüler den Rabbi an. Jener erwiderte ob dieser völlig unsinnigen Anschuldigung ruhig, aber sehr ernst: „Händler, es ist notwendig und sinnvoll, dass ihr über eure Ware wacht. Doch vergesst niemals, dass eure Angst davor, bestohlen zu werden, aus jedem einen Dieb macht!“

(Ruth Gabriel)

Unseliger Bund

„Großvater, was ist ein Schweinehund?“, fragten seine Enkel den Rabbi Jakov.

Der dachte kurz nach und erzählte eine Geschichte.

„Einmal sagte der innere Hund zum inneren Schwein: ‚Hör mal! Wir, also du und ich, könnten uns doch zusammentun.'

‚Was habe ich denn davon?', fragte das innere Schwein.

‚Du kannst machen, was du willst, und ich lebe meinen Wachhund-Instinkt aus, indem ich dich gegen die Gewissensstimme verteidige. Toll, was?!'

‚Und wie geht das?', fragte das Schwein abermals.

‚Das geht so: Wenn du zu viel frisst und schläfst, lasse ich wissen, dass du dich nur um deinen Leib sorgst. Wenn du lügst, verkünde ich, dass du die Wahrheit schonst. Wenn du klaust, sage ich, dass du nur dir Zustehendes nimmst. Wenn du zornig und wütend bist, erkläre ich das für Gerechtigkeit. Wenn du unfreundlich bist, behaupte ich, dass derjenige das verdient hat. Wenn du nicht wissen willst, vertrete ich die Meinung, dass du schon alles weißt. Wäre das nicht großartig, du Schwein!'

Dem inneren Schwein gefiel das.

So entstand der innere Schweinehund."

(Ruth Finder)

Herausforderung

Rabbi Jakov ben Katz lehrte einmal: „Wir sind geistige Wesen, die sich weltlichen Herausforderungen stellen müssen - nicht weltliche Wesen, die sich geistigen Herausforderungen stellen müssen. Und dabei sehen wir die weltlichen Herausforderungen auf vier Bereiche verteilt: auf den Körper, die Gefühle, das Denken und die Ausrichtung.

Jeden dieser Bereiche müssen wir aufmerksam untersuchen und Stärken und Schwächen erkennen und benennen. Mit den

Stärken sollen wir nicht groß tun, sondern sie als Werkzeuge begreifen. Mit den Schwächen können wir auf zweierlei Weise umgehen. Wir können sie offen in Erinnerung halten und ihre Auswirkungen jedesmal, wenn sie zum Tragen kommen, beobachten oder wir können sie direkt bearbeiten.

Und womit bearbeiten wir sie? Jeweils mit den Stärken aus einem oder mehreren der anderen drei Bereiche! Eine Gefühlsschwäche - für die wir uns nicht schämen, oder die wir nicht kleinreden müssen - belehren wir mit einer Stärke aus dem Bereich der Gedanken. Oder wir lassen sie an der Stärke unserer Ausrichtung vergehen. So ist es mit allen Schwächen. Eine körperliche Schwäche können wir beispielsweise durch Mitgefühl oder richtiges Denken bearbeiten. Einen Ausrichtungsmangel ebenso. Und wenn wir das Ganze nicht als zeitweises Problem mit naheliegender Lösung, sondern als dauerhafte Aufgabe sehen, dann wachsen wir in aller Stille weiter und weiter in die Herrlichkeit hinein."

(Clemens Satorius)

Die Nadel

Jakov ben Katz trat einmal in die Schargoroder Schul, ging zu seinem Platz und sagte: „Damit er der Wahrheit ein passendes Gewand schneidern kann, muss der Mensch wie die Nadel eines Schneiders werden. Scharf und spitz auf der einen Seite - so wie der Verstand, der richtig eingesetzt das Gewebe der Welt zu durchdringen vermag. Und mit einem Öhr versehen am anderen Ende, einem Nichts, durch das der Faden läuft, den es in das Gewebe der Welt einzunähen gilt, und der den Menschen mit dem Höchsten verbindet."

Einer von des Rabbis Schülern fragte: „Aber der Faden, was ist denn der Faden?"

Ein anderer antwortete: „Es ist die Wesensnatur des Höchsten. Und zugleich unsere eigene."

Daraufhin nickte der Rabbi freudig.

(Clemens Satorius)

Kommentar Ruth Finder:

Am Abend erzählte Jakov ben Katz seiner Frau Perle, die gerade dabei war, den neuen Toramantel für den Rabbi fein zu besticken, von der Antwort des einen seiner Schüler. Perle wiegte ihren Kopf hin und her und sagte dann: „Man könnte meinen, die Stiche seien unsere Taten."

Darüber freute sich der Rabbi genauso. „Und wer ist der Schneider?"

Kommentar Ruth Gabriel:

Der Rabbi sprach:" Vielleicht erkennen wir den Schneider dadurch, dass wir ihn durch uns nähen lassen."

Perle lächelte.

Der Feind

An einem Tag im Bethaus mahnte der Zaddik von Schargorod seine Schüler: „Der Feind kann sehr listig sein. Und mit dieser List findet er zuerst einen Weg in euch hinein, und dann auch wieder einen Weg hinaus, ohne aber seinen neuen Wohnsitz aufzugeben.

Ist er noch draußen, preist er eure spirituellen Bemühungen. Er lobt euch, wenn ihr in der Welt Gutes tut, wenn ihr eure

Gebete verrichtet und wenn ihr euch in der Selbstuntersuchung übt. So wird er euch mit der Zeit lieb und ihr öffnet ihm eure Tür. Ihr heißt ihn willkommen und lasst ihn eintreten.

Durch seinen fortgesetzten Zuspruch, den ihr schließlich bei allem guten Tun zu erwarten beginnt, vergiftet er nach und nach eure Motivation. Und dann beginnt ihr, Lob und Zuspruch auch im Äußeren zu fordern, denn jetzt hat der Feind begonnen, zusammen mit euch den Weg aus euch heraus zu gehen.

Die Welt ist aber geizig mit Lob für gute Taten. Noch unwilliger ist sie, wenn das Lob eingefordert wird. So kommt es zu Streit und Zwietracht und der Feind hat sein Ziel erreicht, ohne etwas anderes zu tun, als euch zu loben.

Macht euch also bei euren spirituellen Bemühungen nicht abhängig von Zuspruch - nicht einmal in euch selbst. Tut das Richtige einfach um des Tuns des Richtigen willen. So verführen schon die alten Weisen."

An jenem Tag gingen viele Schüler sehr nachdenklich nach Hause.

(Clemens Satorius)

Trunken

Wenn seine Frau Perle gerade nicht anwesend war, scheute sich Rabbi Jakov ben Katz in Gesprächen mit seinen Schülern nicht, auch kräftige Bilder zu gebrauchen.

So sprach er einmal: „Wie wenn ein Trunkenbold sich mit Gebranntem volllaufen lässt und dann auf dem Weg zu seinem Heim wackelt und stolpert und fällt, und nicht nach Hause findet, so beladen wir uns mit Sünden und verwickeln uns bis zum Halse in der sinnlichen Welt, und wanken hin und her und verirren

uns. Was hülfe? Mit aller Kraft des Teufels Versuchungen zu widerstehen und nüchtern - sprich vernünftig - zu bleiben."
(Ruth Finder)

Zwei Seufzer

Einmal war Rabbi Jakov ben Katz ein paar Tage zu Gast bei einem Chassiden. Dessen Frau hatte ein altes silbernes Besteck in die Ehe mitgebracht, das sie den ganzen Tag vor des Rabbis Ankommen geputzt hat. Am Abend bei Kerzenschein zeigte der Chassid seinem Gast stolz dieses Besteck. Dabei sagte er mit einigem Bedauern: „Verehrter! Im Tageslicht glänzt dieses edle Zeug viel schöner, aber so im schwachen Flackern der Kerze kommt es nicht recht zur Geltung."

Später in seiner Gästekammer seufzte Rabbi Jakov: „So auch die Menschen! Ihre wahre Natur glänzt so schön im Lichte Gottes, aber in ihrer Geistesdämmerung kommt sie nicht zur Geltung."

Am nächsten Tag zur Mittagszeit versammelten sich die Familie der Chassiden und ihr Gast in der Stube zum Festmahl, welches der Chassid zu Ehren des Rebben gab. Auf dem Tische lag ein altes Zinnbesteck - die silbernen Erbstücke verwahrte der Gastgeber akkurat sortiert auf dem besten Platz im Küchenschrank. Man sah, wie sie hinter der Glastür glänzten.

Von dem Rabbi angesprochen, warum denn das angepriesene Besteck nicht benutzt werde, antwortete der Chassid: „Ist doch zu schade, so blitzeblank wie es ist. Es anzusehen reicht mir!"

Als Jakov ben Katz sich nach dem Essen von seinem Gastgeber verabschiedete und in seine Kutsche stieg, seufzte er zum zweiten Mal: „So viele glänzen vor sich hin - die Blender! - aber tatsächlich, in sich und aus sich, bleibt es bei ihnen ohne Geltung und wirkungslos."

(Ruth Finder)

Das unsichtbare Buch

Als Jakov ben Katz schon überall als Gerechter bekannt war, überkam ihn in einem Gesicht, dass er ein Buch für seine Chassiden drucken lassen sollte, in dem die bisher ungesammelten Lehrreden des Baal Schem Tov neben dessen Torakommentaren zu stehen hätten. Er begann, auf seinen Geschäftsreisen in jeder Klaus und Schul und bei jedem befreundeten Reb die Reden und Geschichten zu sammeln, und bat die Chassidim zudem bei diesen Gelegenheiten um finanzielle Unterstützung, denn reich waren nur wenige der Jehudim und der Buchdruck war teuer.

Rabbi Jakov sammelte Jahr um Jahr und als schließlich die Textsammlung vollständig war und er zuletzt auch das Geld für den Druck beisammen hatte, brach im Lande eine Hungersnot aus. Der Zaddik nahm das ganze zusammengebrachte Geld und benutzte es zur Linderung der großen Not seiner Juden. Aber auch die Gojim (Nichtjuden) in Schargorod und im Umland wurden, wo möglich, in gleicher Weise unterstützt.

Als die Not schließlich vorüber war, begann Jakov ben Katz nochmals mit der Sammlung. Wieder dauerte es beinahe sieben Jahre, bis er genügend Geld zusammen hatte, um die Drucklegung seines Werkes veranlassen zu können. Als himmlischen Lohn hatte er während seiner erneuten Sammelreisen noch ein paar ungehörte Geschichten und Kommentare des Baalschem zu hören bekommen, die er nun mit in das Buch aufnehmen konnte. Und so wurde das Druckwerk schließlich zum Nutzen und Frommen der Rabbis und ihrer Schüler im zweiten Anlauf fertig.

Natürlich hat Jakov ben Katz die gesamte Auflage nicht verkauft, sondern jede ihm bekannte Schule und viele Rabbis hatten umsonst ein oder mehrere Exemplare bekommen, denn – abgesehen von dem Geld, das er selbst in die Sammlung einbrachte – die Juden hatten ja schon durch ihre Spenden für das Buch bezahlt.

Das Büchlein wurde weit und breit sehr gelobt, und mehr als das hieß es unter den Chassidim, Rabbi Jakov ben Katz habe zwei Bücher herausgebracht – ein sichtbares und ein unsichtbares, von denen das Unsichtbare sogar noch trefflicher sei als das Sichtbare.

(Clemens Satorius)

Begegnung

Es war einmal ein Suchender, der eine Sehnsucht hatte nach etwas, das er nicht bestimmen konnte. Viele berühmte Lehrer hatte er aufgesucht – in der Hoffnung davon befreit zu werden. Die einen ließen ihn ihre prachtvollen Gebetshäuser besuchen und ihren Sabbatreden beiwohnen. Die anderen gaben ihm viele Bücher zu lesen. Einige von ihnen haben ihm wiederum ihre eigenen Visionen unterbreitet und ließen ihn voller Fragen zurück. Aber sein verborgenes Sehnen wurde nur noch größer. Traurigkeit und Verlorensein machten sich bei dem Mann breit. So kam er eines Tages in Schargorod an. Ziellos ging er durch die engen Gassen des Städtchens.

Es war Abend geworden. Rabbi Jakov ben Katz hatte gerade seine Schul verschlossen und wollte nach Hause eilen, als er den Suchenden vorbeigehen sah. Im Nu schloss er das bescheidene Häuschen wieder auf und bat den Mann herein. Mit Erstaunen und fassbarer Hoffnung folgte er der Einladung. Der Rabbi gab dem Suchenden ein wenig Brot und Wasser und begrüßte ihn, aber in einer Weise, dass der Mann augenblicklich wusste, dass er das Gesuchte gefunden hatte. Er erzählte dem Zaddik von seinem bisherigen Wege und fragte ihn, wie es denn dem Rabbi gelungen war, ihn von seiner Sehnsucht zu befreien.

Der Rabbi sagte einfach: „Ich habe gesehen, dass Deine Seele in der Einsamkeit hungert und dürstet, und ich bin ihr in meiner begegnet."

(Ruth Finder)

Gräben ziehen

In Schargorod lebte in Abgeschiedenheit am Rande des Dorfes ein gottesfürchtiger Mann mit Namen Eisick. Er hatte eine ausgeprägte Fähigkeit zu schnellem Denken und klarer Rede. Befand sich Einer in einer schwierigen und verworrenen Situation, so war Eisick in der Lage, in kürzester Zeit Ordnung in die wirren Gedanken zu bringen und es ihm zu ermöglichen, den nächsten notwendigen Schritt zu erkennen, der von ihm gegangen werden musste. Sein scharfer Blick auf die Unzulänglichkeiten des Einzelnen ließen die Schargoroder einerseits mit einer gewissen Ehrfurcht auf ihn blicken, andererseits beschlich sie oft ein unangenehmes Gefühl im Zusammensein mit ihm.

Egal wie sehr sich Einer über schwierige Umstände beklagte, Eisick warf ihn immer wieder auf sich selbst zurück. Er machte ihm deutlich, dass er Gräben zwischen sich und den Anderen ziehen würde, wenn er die Verantwortung für die Schwierigkeiten bei den Anderen sähe. Die Lösung liege in ihm.

Eines Tages war eine junge Schargoroderin wegen eines Problems mit ihrem Nachbarn bei ihm, der ihr das Leben sehr schwer machte. Sie hatte ihren kleinen Sohn Chaim mitgebracht, der ruhig und mit Interesse das Gespräch bis zum Ende verfolgte.

Die Frau bedankte sich und kurz bevor sie mit ihrem Sohn Eisicks Haus verlassen konnte, fragte ihn der Kleine: „Warum wohnst du alleine und so weit weg von den Anderen im Dorf?"

Überrascht antwortete Eisick: „Nun ja, mein Sohn, für jemanden mit einer klaren Erkenntnis ist es sehr schwierig mit Menschen in unmittelbarer Nähe zu leben, die Gräben zwischen sich und Anderen ziehen."

Er schaute in die erstaunten Augen des Jungen und seine Augen füllten sich mit Tränen als er erkannte.

(Ruth Gabriel)

Zwiesprache

Rabbi Jakov ben Katz war darauf bedacht, alles mit großer Aufmerksamkeit und in tiefer Achtsamkeit zu tätigen. Das nannte er ein „Zwiegespräch mit Gott".

Er erklärte das so: „Er flüstert und ich lausche."

(Ruth Finder)

Kommentar Clemens Satorius:

„Der Herr antwortete: Komm heraus und stell dich auf den Berg vor den Herrn! Da zog der Herr vorüber: Ein starker, heftiger Sturm, der die Berge zerriss und die Felsen zerbrach, ging dem Herrn voraus. Doch der Herr war nicht im Sturm. Nach dem Sturm kam ein Erdbeben. Doch der Herr war nicht im Erdbeben. Nach dem Beben kam ein Feuer. Doch der Herr war nicht im Feuer. Nach dem Feuer kam ein sanftes, leises Säuseln." (1. Könige 19,11+12)

Seinen Senf dazugeben

Auf seiner Reise durch die Schargoroder Umgebung stieg Rabbi Jakov ben Katz bei einer Gaststätte zum Mittagesen ab. Er folgte den Rufen eines Empfangsburschen, der bei den Durchreisenden auf Geheiß des Wirtes dessen Gastwirtschaft für seine scharfen Gerichte anpries. Bei spätherbstlicher Kälte und Nässe versprach das außerdem eine wohltuende Wärme. Es wurde ein Eintopf serviert.

Mit freudiger Erwartung nahm Rabbi Jakov einen vollen Löffel des heißen Mahls zu sich. Aber sogleich schossen ihm die Tränen in die Augen, es brannte in seiner Nase, sein Gesicht lief rot an und er fächerte sich hektisch Luft zu. Mit keuchender Stimme machte er eine Bemerkung: „Ho, ho! Hat denn der Koch aus Versehen einen ganzen Bottich Senf in den Kochtopf fallen lassen?!"

Sein Tischnachbar lachte herzlich. Dann berichtete er dem Rabbi leise, dass der Wirt oft sein Handwerk nicht so ernst nähme, denn, obwohl die Bauern aus den umliegenden Dörfern ihm gute Lebensmittel lieferten, lagere er diese nicht sachgemäß und außerdem bereite er das Essen ohne die nötige Zuwendung. Und so müsse er, um sein Unvermögen zu verdecken, große Mengen des feurigen Kornes verwenden, damit seine Gäste nur die Schärfe schmecken und sonst nichts. Sich zu besinnen und anders an seine Arbeit zu gehen, käme ihm nicht in den Kopf. Während der Erzählung aß der Schargoroder vorsichtig weiter. Als er sein Mahl beendet hatte, bezahlte er sein Essen und fuhr weiter.

Dieses kulinarische Erlebnis der besonderen Art hielt ihn noch lange warm und wach, und so dachte er bei sich: „So gibt manch einer bei Gelegenheit - sei es ein lehrreiches Gespräch oder eine vorbildhafte Tat - gefangen in Selbstgefälligkeit und Unbelehrbarkeit seinen geistigen „Senf" dazu, um seinen Unwillen und sein Unvermögen zu verdecken, den Sinn des Gesagten oder des Tuns an sich heranzulassen und die resultierenden Erkenntnisse tatkräftig anzugehen und umzusetzen."

(Ruth Finder)

Löchrig

Wieder einmal war Rabbi Jakov ben Katz auf einer Geschäftsreise nach Nikolsburg und nächtigte in der Herberge von Rabbi Abraham Chajim. Er war zeitig eingetroffen, um mit Rabbi Abraham sein Mittagsmahl einnehmen und Neuigkeiten austauschen zu können. So saßen sie also beide gemeinsam im Wirtschaftsraum an einem Tisch und aßen und plauderten, als ein wild dreinblickender Mann mit einem großen Rucksack den Raum betrat. Er setzte sich unweit der beiden Rabbis zu einem anderen Gast an den Tisch und fing sofort lautstark an, sich darüber zu beklagen, dass alle Welt ihn betrügen und bestehlen würde. Einige der Gäste verließen daraufhin recht zügig das Lokal.

Rabbi Abraham schmunzelte als Rabbi Jakov ben Katz sich erhob, zu dem Mann ging und sprach: „Guter Mann, warum diese Vorwürfe?"

Der Mann starrte ihn finster an und antwortete: „Vorwürfe Rabbi? Hört zu, was ich zu erzählen habe. Ganz gleich was ich erwerbe und mir in den Rucksack packen lasse - zu Hause bemerke ich jedes Mal, dass sich kaum etwas im Rucksack befindet. Und nun wollt ihr mir ernsthaft sagen, Rabbi, dass die Welt nicht aus lauter Betrügern und Dieben besteht?"

Rabbi Jakov ben Katz zeigte daraufhin auf den Rucksack des Mannes. „Guter Mann, vielleicht habt ihr Recht. Vielleicht liegt die Lösung des Rätsels aber auch einfach nur in der Tatsache begründet, dass euer Rucksack einige veritable Löcher aufweist."

Während er sich wieder zu Rabbi Abraham setzte, hörte er den Mann triumphierend sagen: „Seht her. Der Rabbi gab mir den Beweis, dass die Welt aus lauter Lumpen besteht, denn sie haben mir einen löchrigen Rucksack verkauft!"

Rabbi Abraham legte freundschaftlich den Arm um Rabbi Jakov ben Katz, schaute ihn verständig an und sprach: „Mein Freund, manchmal kommt es vor, dass auch die Erkenntnis eines Menschen wie ein löchriger Rucksack ist. Da helfen keine guten Worte, sondern nur gutes Nähzeug."

(Ruth Gabriel)

Potential

Ein Jude hatte das Ansinnen, seinen Sohn in die Lehre zu Rabbi Jakov ben Katz zu schicken. Zu dem Reb sagte er: „Mach aus meinem Jungen einen frommen, gelehrten, in Thora und

Talmud bewandten, den Eltern Respekt zollenden, gerechten und ein nützliches Gemeindemitglied seienden Rabbi."

Der Zaddik fragte aber: „Geehrter Herr, was seid Ihr im Leben?"

Der Mann antwortete: „Ich bin ein Weinhändler!"

Der Rabbi sagte freudig: „Dann möchte ich bei Euch zu unserem Neujahrsfest aus der kommenden Ernte einen leuchtend hellen, halb lieblichen, halb spritzigen, vollmundigen, fröhlich machenden und zum Tanzen verleitenden Wein bestellen!"

Mit einem breiten, herablassenden Lächeln beschied ihm der Händler: „Ach, Väterchen! Ob Sonne, Regen, Wind und Erde – sie wirken jedes Mal anders auf die Reben. Die Trauben werden schon zu Wein, aber wie er schmecken wird, vermag ich Euch nicht zu sagen."

Da sagte Jakov ben Katz schlicht: „Genauso ist es mit dem Werden: ein Potential und Möglichkeiten hat jeder Mensch, aber was er daraus macht, kann auch ich Euch nicht sagen."
(Ruth Finder)

Kommentar Ruth Gabriel:
Wo wir wieder bei der Weg-Arbeit wären: aus den Möglichkeiten Wirklichkeiten werden lassen. Verwirklichung.

Und hier können wir einander Inspiration und Unterstützung sein.

Nachsinnen

Die Schüler des Rebben von Schargorod pflegten sich gelegentlich gemeinsam, in kleinen Gruppen, zu zweit oder auch einzeln, in tiefem Nachsinnen zu üben. Dies geschah teils spontan, teils durch Anregung von Jakov ben Katz, der ihnen dann Fragen stellte wie: „Was unterscheidet die Liebe von der Wohltätigkeit?"

Natürlich gab es dazu schnell eine Reihe von Standpunkten, Meinungen und Vorurteilen. Dann wurden auch gerne die Schriften und überlieferte Hörensagen herangezogen. Und ohne dass der Rebbe es zu einer Festlegung kommen lassen wollte, weitete sich bei allen in der Schul der Horizont des Begreifens, die Weite der Schau.

Zuletzt sagte Jakov ben Katz dann doch zusammenfassend: „Die Weisen haben uns gelehrt, dass Wohltat durch Geld und Gut geschieht, Liebestat aber durch Geld und Gut und durch die Person. Wohltätigkeit dient den Bedürftigen, Liebestat den Bedürftigen wie den Wohlhabenden. Wohltätigkeit gilt den Lebenden, Liebestat den Lebenden wie den Toten.

Auch bei einer klaren Benennung ändert sich die Bedeutung schon, wenn wir die Sprache wechseln. Das hebräische Wort für Wohltätigkeit ist Zedaka und müsste korrekt als ‚einen gerechten Ausgleich herbeiführen' übersetzt werden. Das Wort für Liebe - Chessed - bedeutet eher ‚liebevolle Zuwendung'.

Die Weisen lehrten weiterhin, dass die Wohltätigkeit nur nach dem Maße der Liebe vergolten werde, die darin enthalten sei. Zerschlägt dies oder zerschlägt dies nicht alle vorherigen Aussagen?"

Und wieder stürzten sich die Schüler freudig auf die Fährte zu neuen Horizonten.

(Clemens Satorius)

Kommentar Thomas von Bremerhaven:

Wohltätigkeit ohne Liebe ist demzufolge nur gerechter Ausgleich und muss insofern nicht vergolten werden. Das verstehen wir nur (oder zumindest leichter), wenn wir die hebräische

Bedeutung kennen. Die letzte Aussage der Weisen zerschlägt daher die vorangehenden Aussagen nicht. Sie rundet sie ab.

Kommentar Ruth Finder:

Nach einer Weile trat aus der Schülerschaft einer an den Rabbi heran und sagte schüchtern zu ihm: „Es könnte auch gefragt sein: Was ist denn den beiden gemeinsam?"

Ermuntert von seines Lehrers Zustimmung, fuhr er fort: „Das eine erfordert das andere. Ja, das eine ist dem anderen eine Brücke zur wirklichen Begegnung.

Und der Mensch ist eben dieser Brückenbauer."

In dem Moment wussten sie, wo sie sich befanden.

Kommentar Ruth Gabriel:

Und die Begegnung und Freude ist grenzenlos, wenn zudem der Bedürftige ohne Bedürfnis nach an ihm zu begehender Liebestat ist.

Dadurch begeht der Bedürftige sozusagen eine Liebestat am „Liebestäter".

Kommentar Ruth Finder:

Der Rabbi, der alte Fuchs, wusste kräftig an der Oberfläche zu rühren. Und das wirkte bei seinen Schülern tief und nachhaltig. So war es auch eine lange Lehrstunde geworden. Immer wieder meldeten sich die Schüler zu Wort.

Einer sagte: „Die irdische Vergeltung ist bedingt. Daher ist sie oft mit Irrtum behaftet. Aber die göttliche, die ist frei von Bedingtheit und uneingeschränkt, und ist somit absolut und ein Gesetz."

Ein anderer vermochte gar in des Rabbis Worten einen Weg zur Tadellosigkeit zu erkennen: „Es muss möglich sein, von der hochmütigen, unfreundlichen Gabe des Geldes über die

Wohltätigkeit des wohlwollenden und gerechten Ausgleichs bis hin zur mit Liebe erfüllten Hilfestellung und Begegnung emporzusteigen."

Schwanenfedern

Die Chassidim berichteten einander gern von den mysteriösen Gegenständen in den Jackentaschen des Zaddiks von Schargorod. Eine der Erzählungen beschrieb des Rebben Begegnung mit einem jungen Mann, der an der Gemeinschaft und dem Zusammenhalt der Chassiden irre geworden war.

„Es gibt unter uns schwierige, ja unausstehliche Leute, bei denen ich mich frage, was sie unter uns zu suchen haben. Sie erschweren die spirituellen Freuden und sind einfach nur lästig. Andererseits gibt es zugegebenermaßen auch Chassiden, die einem in jeder Hinsicht hilfreich sind, die einem bei den Alltagssorgen helfen und selbst da eine zum Höchsten erhebende Luft um sich verbreiten. Trotzdem überlege ich, ob ich mich nicht in eine entlegene Klause in den Wäldern zurückziehen soll, um dort allein vor Gott zu bestehen." So sprach der junge Mann Jakov ben Katz bei einer Gelegenheit an.

Darauf suchte dieser in seinen Jackentaschen und zog ein Bündel Schwanenfedern heraus, die an den Kielen fest zusammengebunden waren. Er reichte sie dem Jüngling und sagte: „Wirf sie einmal mit aller Kraft in die Luft."

Dieser tat, wie ihm geheißen, und die Federn flogen zusammen hoch über die Köpfe der beiden Männer. Dann fielen sie rasch wieder herunter. Der Rabbi ergriff den Bund, zog eine besonders dicke Feder heraus und gab sie dem Fragesteller mit den Worten: „Und nun versuche es noch einmal nur mit dieser Feder."

Gesagt getan – die Feder erhob sich ein kleines Stück und trudelte dann langsam wieder zu Boden. Auch mehrmalige Versuche brachten kein viel besseres Ergebnis.

„Untersuche nun bitte das Bündel, aus dem ich die dicke Feder gezogen habe."

Der junge Mann tat auch das. Das Bündel war lose geworden. Würde man es eine Weile schütteln oder in die Luft werfen, so würden sich weitere Federn lösen, bis es schließlich ganz zerfallen würde.

Der Zaddik sagte: „Ich bin sicher, du verstehst schon. Aus den zu beobachtenden Gründen würde ich immer den Zusammenhalt vorziehen. Gemeinsam und durch die gegenseitige Unterstützung der Fähigsten können wir die höchsten Höhen erreichen – wenn wir auch durch das Gewicht der Schwierigen und der Anfänger schnell wieder auf dem Boden der Tatsachen landen, zu dem wir ohnehin den Kontakt niemals ganz verlieren sollen. Allein erreicht man solche Höhen nicht, und auch wenn man nach seinem Aufstieg vielleicht langsamer sinkt, verbringt man nicht mehr Zeit im Fluge als gemeinsam. Zudem löst man auch den Gesamtzusammenhalt, wenn man als Einzelner aus dem Verbund ausschert, und hier verfehlt man die rechte Verantwortung gegen seine Mitmenschen."

Der Jüngling, der an der Gemeinschaft gezweifelt hatte, schob daraufhin seine Feder mit Kraft wieder in das Bündel und gab es in die Hand seines Zaddiks zurück. Der nahm dies als Bekenntnis, verstaute das Bündel in seiner Jackentasche und entließ den jungen Mann, der nun seine Schultern nicht mehr kraftlos hängen ließ, sondern mit gestraffter Haltung von dannen zog.

(Clemens Satorius)

Ent-täuschung

Ein Chassid kam, dem guten Ruf des Rabbi Jakov ben Katz und den Wundergeschichten über ihn folgend, nach Schargorod, um Einweisungen und Lehre zu empfangen. Ein klares Sosein der Dinge hatte er aber auch im Gepäck.

Er traf den Reb in dessen Bethaus an: karge Wände, schmale Bänke, schmucklose Ecken, halbleere Bücherschränke. Der Rabbi selbst - ein schmächtiger, unscheinbarer Alter - fragte den Mann auch noch zusätzlich zum gar elendiglichen Eindruck mit brüchiger Stimme, ob er denn ein wenig Geld bei sich trüge.

Der Chassid dachte bei sich: „Das soll ein Gelehrter und Gerechter sein?! Wo sind Glanz und Würde. Und wo wohltuender Empfang und hilfreiche Erkundigung. Stattdessen eine freche Frage nach dem Nichtigen. Über alle Maßen bin ich von alldem enttäuscht! Meine Welt steht Kopf!"

Der Rabbi sagte mit sanfter aber fester Stimme zu dem Gast: „Jetzt, wo du deiner Täuschung entledigt bist, können wir doch noch etwas miteinander anfangen! Und das Geld käme einer armen Witwe, die hier in der Nähe mit ihren Kindern haust, sehr zugute."

Da stand der Chassid mit ausgestrecktem Arm und der Hand voller Geld und es wurde wunderbar hell in dem Raum, der ihm fortan der beste Ort zu sein schien.

(Ruth Finder)

Erschöpfung

In der chassidischen Gemeinde in Schargorod gab es einen Gemeindehelfer namens Uri, der sich von morgens bis abends für alle Belange der Gemeinde einsetzte, die an ihn herangetragen wurden. Und wenn er abends nicht mit allem fertig geworden war, dann arbeitete er weiter und weiter und konnte schwer ein Ende finden.

Eines Tages kam er mit müdem Blick zu Rabbi Jakov ben Katz und bat ihn um einen Rat: „Rabbi, in der letzten Zeit wird mir die Arbeit des Tages manchmal zu viel. Zwar haben wir durch Gottes weise Einrichtung den Schabbes, um uns von den Mühen der Woche zu erholen, aber ich habe auch unter der Woche an jedem Tag das Gefühl, dass ich bezüglich meiner spirituellen Verpflichtungen und Bedürfnisse zu kurz komme, und dass daraus Schuld und Erschöpfung erwachsen. Andererseits sehe ich, dass ich den ganzen Tag gebraucht werde und dies ist mir eigentlich auch immer eine Freude gewesen und hat mir den Dienst leicht gemacht. Was kannst du mir raten?"

Der Zaddik besah sich seinen treuen Mitarbeiter von Kopf bis Fuß und meinte: „Du wünschst dir während des Tages Momente des Innehaltens? Augenblicke, in denen du dich ungestört geistig erheben kannst?"

„Ja", antwortete Uri, „es kommt mir angesichts der täglichen Notwendigkeiten falsch vor, aber ich fühle mich manchmal beengt und wie unter einem unguten Zwang."

Jakov ben Katz nickte. „Mein Sohn, wir haben Verpflichtungen in der Welt, und diese Verpflichtungen betreffen das Äußere wie das Innere. Natürlich werden wir immer auch das Innere entwickeln, wenn wir uns dem Äußeren widmen. Und das Äußere, wenn wir uns dem Inneren widmen. Aber uns vordergründig nur dem Äußeren, oder nur dem Inneren zu widmen – das sind ungute Extreme, auch wenn die andere Seite im Verborgenen mitwächst. Unsere bewusste Sorgsamkeit sollte beiden Bereichen gelten, und wenn wir in ein für uns persönlich spürbares Ungleichgewicht geraten, dann ist das Spüren ein Signal, auf das wir hören müssen.

Wenn auf dem Meer ein Schiff untergeht, dann kann ein aufmerksamer Beobachter natürlich mit einem aufgeblasenen Weinschlauch unter dem Arm hinausschwimmen, um Hilfe zu bringen, aber wie viel kann er ausrichten? Und ein Mann, der sein Boot an Land gezogen hat und so konzentriert daran arbeitet, dass er von dem Unglück auf dem Wasser nichts bemerkt - wie viel Hilfe kann er bringen?

Jeder Chassid sollte im Äußeren so gut wie möglich helfen. Im Inneren sollte er seine Möglichkeiten und Fähigkeiten zur Hilfe ausbauen. Ich verordne dir hiermit, dass du dir dreimal an jedem Arbeitstag Zeit nimmst - wie viel, das lege selbst für dich fest - und dich ganz dir und deinen spirituellen Bedürfnissen widmest."

Uri nickte ergeben, dankte dem Rabbi, und schon nach einer Woche wirkte er erholter. Seine Augen blickten wieder wach und aufmerksam. Nach ein paar Monaten schaffte er im Gemeindedienst mehr Ordnung und Segen als früher, und trotzdem verpasste er nie mehr ein Abendmahl mit seiner Frau und seinen Kindern.

(Clemens Satorius)

Zweierlei Entwicklung

Unter den Jehudim gab es einige, die sich auf die Fahnen geschrieben hatten, dass sie sich selbst immer mehr reduzieren wollten, um so den Höchsten mehr und mehr an ihre Stelle treten zu lassen. Sie wollten dies erreichen, indem sie versuchten, Persönlichkeitsaspekte aller Art, ja sogar Fähigkeiten und Talente nicht mehr zu nutzen und abzulegen – sie wollten ihre Individualität quasi auflösen.

Jakov ben Katz sagte dazu: „Ich sehe in ihrer Herangehensweise ein Missverstehen der Lehren der Alten. Gewiss ist es richtig, dass wir die Verwicklungen in die Angelegenheiten der Welt loswerden sollen, aber das heißt eben nicht, dass wir dazu selbst immer weiter vergehen müssten.

Wir sind hier in der Welt, um zu wachsen, nicht um zu verblassen und zu vergehen, denn wachsend wachsen unsere Fähigkeiten. Und damit auch unsere Fähigkeit, Gott in der Welt zu offenbaren.

Dazu müssen Verwicklung und Entwicklung richtig verstanden werden. Verwicklung entsteht durch die Identifikation mit unseren Fähigkeiten und durch ihren Einsatz für egoistische Zwecke. Entwicklung findet auf zweierlei Weise statt: Indem wir die Identifikation mit unseren Fähigkeiten zum göttlichen Lobpreis aufgeben und indem wir weitere Fähigkeiten zum Lobpreis des Höchsten erarbeiten."

(Clemens Satorius)

Zwei Äpfel

Wenn es darum ging, irgendeinem Frechbold eine Lehre zu erteilen, griff Rabbi Jakov ben Katz manchmal zu ungewöhnlichen Mitteln – zum Beispiel legte er den Tanach (das alte Testament) auch mal eigentümlich aus. So war Folgendes geschehen.

Einmal besuchten ihn seine Schüler zu Hause. Es waren auch Neuzugänge dabei. Perle hatte die Tischgesellschaft bewirtet und sich zuletzt auch dazugesetzt. Sie hörte dem Gespräch zu und brachte hin und wieder eigene Überlegungen in die Runde. Nach einer Weile ging sie hinaus.

Einem Neuling, der aus frommem und reichem Hause stammte, stieß ihre Anwesenheit und Rede beim Tische unangenehm auf. Das bekundete er auch den anderen. Was solle denn das Frauenzimmer mit ihrem losen Mundwerk und ihrem Eigensinn hier bei den Männern. „War es nicht unsere Urmutter, die uns alle in die Erbsünde trieb und um das Paradies brachte. Sie und ihr Geschlecht hatten damit jegliche Mitsprache verwirkt."

Verunsichert ob solcher Dreistigkeit schauten die Schüler einander an und blickten dann zum Rabbi.

Mit schelmischem Blick und fester Stimme richtete der seine Antwort an den Jüngling: „Wusstest du nicht, dass an Gottes Baum zwei Äpfel hingen – ein süßer Apfel der Verblendung, des Nichtwissens, des Hochmutes und der Hybris und ein saurer Apfel der Erkenntnis und des Wandels. Das lügnerische Kriechgetier hat Eva in die Ohren geflüstert, sie und Adam sollten in den süßen Apfel beißen. Ihr aber gebührt unser Dank, dass sie zu dem andren Apfel griff. Tja, und so lernen und beten wir und sitzen hier zusammen."

(Ruth Finder)

Richtig schneiden

Einmal besuchten Perle und Jakov ben Katz einen guten Freund, der ebenfalls wie der Reb ein Zaddik in einer benachbarten Gemeinde war.

In einem Moment, als der Rabbi nicht im Zimmer war, sagte der Hausherr zur Perle: „Dein Jakov hat aber wirklich einen grünen Daumen."

„Ach, mein Lieber", antwortete sie, „wir haben doch gar keinen Garten, noch eine Wiese oder ein Feld."

Der Freund sagte aber: „Seine Obstwiese sind die Schul und das Bethaus, seine Bäume sind seine Schüler. Beschneidet man einen Baum über jegliches Maß, geht er ein und trägt keine Früchte. Vernachlässigt der Gärtner aber den Schnitt – schneidet zu wenig ab – verwildert der Baum und bringt nur spärlich Frucht. Besitzt er aber viel Wissen und Geduld und setzt er seine Gartenschere geschickt an, gedeihen seine Bäume und bringen eine gute, hochwertige Ernte."

(Ruth Finder)

Kommentar Ruth Gabriel:

Und man erzählt sich, dass die Dankbarkeit seiner Schüler in Relation zu ihrem Voranschreiten ebenfalls üppig wächst.

Als der Groschen fiel

Ein Chassid klagte dem Rabbi Jakov ben Katz: „Jahr für Jahr wünschte ich mir, ich wäre Gottes würdig und rechtschaffen – viel beten, großzügig geben, niemandem schaden, alle lieb wissen – so dass das bis in den siebten Himmel bemerkt werde. Unzählige Tage und Nächte sehnte ich mich danach. Allein, ich erreichte wenig. Wankelmut hielt bei mir Einzug. Ich sage Euch, der Teufel selbst ist hier am Werk!"

Der Rabbi sagte: „Es ist allzu leicht, dem Teufel alles in den Schuh zu schieben – es war doch deine eigene Selbstsucht, die dir das Gewünschte vorgaukelte und dich tagträumen ließ. Dabei brachte sie dich davon ab, das Notwendige zu tun. Sie hat ihres erreicht - beides ist dir nicht gelungen und du stehst jetzt entmutigt da."

Den Groschen, der dabei fiel, hörte man bis in den siebten Himmel.

(Ruth Finder)

Kaffee

„Viele verschiedene Getränke gibt es auf der Welt, aber das merkwürdigste Getränk ist der Kaffee", sinnierte der Schargoroder einmal beim morgendlichen Frühstück, nachdem er mit einigen seiner Chassiden auf der Durchreise in der Herberge von Rabbi Abraham Chajim genächtigt hatte.

„Man kocht ihn auf dem Feuer, damit er heiß werde. Und wenn er heiß ist, dann pustet man hinein, damit er kalt werde. Man macht ihn stark, damit er schwarz und bitter werde. Dann gibt man Milch hinzu, damit er weiß, und Zucker, damit er süß werde."

Scheinbar abwesend nickend rief er den Schüler von Abraham Chajim, der als Schankknecht in der Wirtschaft des Rebben arbeitete, und bestellte eine Runde Kaffee als Abschluss des Morgenmahls für alle, die mit ihm am Tische saßen.

(Clemens Satorius)

Sagen

„Wieder einmal trafen sich auf der Strasse die Schüler des Rabbi Jakov ben Katz und die der gegnerischen Seite. Die Mitnagdim fingen sogleich an, die Vorzüge ihres Rabbis zu preisen – im Besonderen dessen Redegewandtheit. Ihr Rabbi rede oft und gern nicht nur zu den Seinigen in der Schul, sondern auch zum einfachen Volke auf der Strasse, sagten sie. Rabbi Jakov ben Katz hingegen sei nur selten zu hören. Es sei nicht so, dass sie sein Sprechen vermissen würden, aber wie denn wohl die Grabesstille in seiner Schul auszuhalten wäre. So spotteten sie laut und frech.

Die Schüler des Rabbi Jakov antworteten kurz und knapp: „Reden schwingen kann jeder, aber wahrhaft etwas zu sagen, das vermögen nur einige wenige."

(Ruth Finder)

Bei sich selber

Ein Chassid, der vom großen Verständnis und Mitgefühl des Rabbi Jakov ben Katz gehört hatte, kam zum Zaddik und klagte ihm sein Leid: „Die Leute sind ungerecht und wissen nicht um ihr Tun – ach was. Die ganze Welt ist aus den Fugen geraten! Was soll überhaupt Gescheites dabei herauskommen, wenn es so weiter geht. Das ist schmerzvoll und lähmt einen über alle Maßen!"

Auch allerlei anderes trug er ihm besorgt und gleichzeitig empört vor. Ruhig und aufmerksam vernahm der Rabbi die Worte des Mannes, sanft aber fest war seine Stimme: „Du musst bei dir selber schauen."

Enttäuscht ging der Mann von dannen. Kalt und unpersönlich schien ihm des Rabbis Empfang, nicht weiterhelfend seine Antwort.

Bei einem anderen Gelehrten fand er aber das Gehör, das er sich erhofft hatte. Dieser schloss ihn in seine Arme, richtete an ihn warme Worte, gab ihm Recht, pflichtete ihm leidenschaftlich bei, geißelte die Verfehlungen der Leute, ihre Verantwortungslosigkeit und ihre Unfähigkeit, sich und die Umstände zu ändern.

„Was für ein klarsichtiger und großherziger Mensch!", dachte der Chassid bei sich. Er fühlte sich angenommen und verstanden, in seiner Empörung bestätigt. Von da an war er öfters bei diesem Gelehrten zu Besuch.

Eine Weile hatte es dem Chassiden gut getan. Aber der - wie er dachte - gerechte Zorn, raubte ihm zunehmend die Kraft, und Machtlosigkeit mitsamt Ratlosigkeit breiteten sich weiter in ihm aus.

Da träumte er von einem der Altväter, der zu ihm sagte: „Wie weise und mitfühlend war doch des Rabbi Jakovs Rat. Sein liebender Blick ist tief und unmittelbar, sein Herz ist weit. Es ist in der Tat nichts anderes in deiner Macht, als du bei dir selber schaust. Er hat dir mit seiner Antwort einen Schlüssel in die Hand gegeben. Es liegt an dir, ihn zu benutzen. Nur mit seiner Hilfe findest du die Kraft und Weitsicht, etwas zu ändern. Der Andere, tja, der Andere macht aber gemeinsame Sache mit deiner empörten Selbstsucht, und du bleibst den äußeren Mächten weiter ausgeliefert."

(Ruth Finder)

Gebote

Ein Witz kursierte scheinbar über Jahrzehnte oder länger unter den jungen Schülern in den Schulen der Chassidim. Vielleicht gab es ihn schon Jahrhunderte oder gar Jahrtausende, dachte

Jakov ben Katz bei sich, und musste immer an seine eigene Jugend denken und innerlich lächeln - in diesem Fall natürlich mit strengem äußeren Gesichtsausdruck - wenn er in der Schul die Jüngsten unter sich tuscheln hörte: „Was passiert, wenn du eines der zehn Gebote brichst?"

„Dann sind es nur noch neun!"

(Clemens Satorius)

Frei von

Einmal fragte man Rabbi Jakov ben Katz, welche Stufen des Dienstes es gäbe.

Er antwortete: „Ich weiß von dreien davon. ‚Ich muss' - das ist die Stufe der Lehre - ist die erste. ‚Ich will' - das ist die Stufe der Erkenntnis - ist die zweite. Die dritte Stufe enthält weder ‚muss' noch ‚will', sie ist frei davon. Das ist die Stufe des Einsseins des Dienenden mit dem Bedienten und mit dem Dienstherren."

„Welche Merkmale haben die jeweiligen Ebenen?" kam die nächste Frage.

Der Rabbi gab zur Antwort: „Die erste Ebene ist die Ebene der inneren Kämpfe. Angst und Hoffnung, Zwang und Aufbruch, Sich-Auflehnen und Sich-Fügen, Unwissen und Verständnis sind einige ihrer Bestandteile. Die Zweite ist von Entschlossenheit und Inspiration begleitet, man hat begriffen und ist ergriffen. Die dritte Ebene ist voller Freude - der stillen Freude eines befreiten Dienenden."

(Ruth Finder)

Schwärmer

Jede Art von Überschwang und Verklärung war dem Schargoroder Zaddik zuwider: Da stieß er schon manch einen Verirrten vor den Kopf.

Ein Jude kam zu Rabbi Jakov ben Katz und bat ihn, bei ihm in die Lehre aufgenommen zu werden. Nach dem Grund des Ansinnens gefragt, fing er an zu schwärmen:

„Rabbi, ich habe gehört, Ihr seid der Welt der Dinge enthoben und nichts dergleichen steht zwischen Euch und Gott. Eure schlichte Schul und Euer bescheidenes Bethaus sind für unseren himmlischen Vater sicher eine Augenweide. Wir sind, Ihr und ich, aus demselben edlen Holz geschnitzt! Auch ich bin des Dinglichen müde geworden. Was soll all die Pracht in den anderen Häusern. Bei Euch werde ich vor aller Welt Augen dem Ganzen entfliehen und den Herren lobpreisen!"

Der Rabbi hörte zu und sagte: „Die prachtvollen Dinge finde ich schon schön!" Und er fügte hinzu: „Aber man muss sie auch putzen."

(Ruth Finder)

Dank

Rabbi Jakov war bei seinen jüngeren Schülern dafür bekannt, dass er bei den gemeinsamen Mahlzeiten mit ihnen in der Schul neben den Segenssprüchen für das Essen immer auch dem Höchsten einen herzlichen Dank bezüglich des aktuellen Tages formulierte. Er dankte für den Sonnenschein, die herrlichen Wolken am Himmel, das klare Wasser im Flüsschen von Schargorod, der Muraschka.

Wenn es regnete, dankte er für die Bewässerung der Feld-früchte. Stürmte es, dankte er für die frische Luft aus den Bergen oder vom entfernten Meer. Immer fand er einen Grund für einen Dankesspruch.

Eines Tages aber war das Wetter und alles unter dem Himmel unglaublich unerfreulich: Es war kalt, regnerisch, stürmisch und grau. Die Wege waren matschig, die Feldfrüchte niedergedrückt, das Vieh auf den Weiden ließ die Köpfe hängen - und ebenso die Menschen, die sich draußen bewegen mussten. Die jungen Chassidim, die nach Stunden in der Schul wieder einigerma-ßen trocken geworden waren, fragten sich untereinander, was dem Rebben wohl heute für seinen Dankesspruch einfallen würde...

Als Rabbi Jakov ben Katz dann später am großen Esstisch aus zusammengeschobenen Pulten den Segen über die Mahlzeit gesprochen hatte, sagte er: „Und, Adonai, Ewiger, wir danken Dir aus tiefstem Herzen und mit ganzer Seele dafür, dass nicht jeden Tag solches Wetter ist."

(Clemens Satorius)

Was fehlt

Jakov ben Katz kam nicht aus einer wohlhabenden Familie, und da sein Vater schon früh in seinem Leben gestorben war, hatte er auch Not und harte Arbeit kennengelernt. Trotzdem hatte er zeitig und entschlossen die Lehren der Chassidim aufgenommen und so gut er es konnte, für sich umgesetzt. In den Kreisen, in denen er sich bewegte, wurde neben den chassidischen Lehren auch der Wunsch hochgehalten, einmal im Leben ins heilige Land zu reisen und Jeruschalajim und den Tempelberg mit eigenen Augen zu sehen, die gesegnete Luft zu atmen und die Füße auf heiligen Boden zu setzen. Auch Jakov ben Katz hegte diesen Wunsch und bereitete sich im Geiste auf diese Pilgerfahrt vor.

Mit seinem Studienkollegen Mendel saß er bei vielen Gelegenheiten zusammen und malte sich mit ihm die Reise und das Ziel aus. Da Mendel aus wohlhabenderen Verhältnissen kam, konnte er sich auch durch die Beschaffung ihm für die Reise unentbehrlicher Utensilien vorbereiten. Immer wieder fiel ihm ein, was noch für ein erfolgreiches Unternehmen zu besorgen sei. Jakov ben Katz hingegen hielt seine Schuhe in Ordnung, sparte sich etwas Geld vom Munde ab, informierte sich über die Reiseroute und besorgte sich Adressen, die er auf dem Wege um mögliche Unterstützung aufsuchen könnte. Mehr war für ihn nicht möglich. Und zuletzt begann er, seinen Kollegen und recht gut gerüsteten Begleiter Mendel zu drängen, doch dem fehlte immer noch etwas, das er vorher besorgen, bestellen oder anfertigen lassen musste. So machte sich Jakov ben Katz schließlich, nachdem er Mendel noch ein letztes Mal zum gemeinsamen Aufbruch zu bewegen versucht hatte, alleine auf den Weg.

Seine Reise dauerte lange. Immer wieder musste er sich unterwegs verdingen, um Geld und Brot zu verdienen. Weite Strecken ging er zu Fuß. Er hungerte und er durstete auch, aber er verlor seine Hoffnung und sein Ziel nicht aus den Augen und erreichte zuletzt Jeruschalajim, wo er beinahe ein Jahr lang blieb, bevor er sich – das Herz voll mit Eindrücken für ein ganzes Leben – auf den ebenso beschwerlichen wie freudigen Rückweg machte.

Als er nach mehr als zwei Jahren wieder nach Schargorod zurückkehrte, hatte er viel zu berichten, viele Erfahrungen und Begebenheiten zu teilen, und in der Schul erzählte er auch seinem immer noch in Schargorod verbliebenen Studienkollegen Mendel von seiner Reise.

Der schlug, nach dem begeistert vorgetragenen Bericht von Jakov ben Katz sichtlich peinlich berührt, die Augen nieder. Dann sagte er: „Dank deiner Erzählung weiß ich jetzt, was mir für eine sichere Reise noch fehlt."

Jakov ben Katz nickte: „Ich weiß auch, was Dir noch fehlt."

(Clemens Satorius)

Im Nahen fern

Rabbi Abraham Chajim, der Freund von Rabbi Jakov ben Katz, war sich nicht zu schade, sich selbst als Beispiel zu benutzen, wenn eine falsche Haltung, ein falsches Verhalten, eine falsche Einstellung oder eine falsche Meinung mit einer farbigen Geschichte untermalt werden musste.

Und so geschah es, als Jakov ben Katz auf der Durchreise nach Nikolsburg in Abraham Chajims Herberge abstieg und sich das beim Abendbrot stattfindende Gespräch der zwei Freunde um äußere und innere Haltung bei Gebet und Lobpreis drehte.

„Ich erinnere mich an eine Nacht, in der ich dem Höchsten besonders nah kommen wollte", berichtete Abraham Chajim. „Damals war es nicht selten, dass Chassidim über Nacht im Bethaus blieben und bis zum Sonnenaufgang und länger ihren spirituellen Übungen nachgingen. Also beschloss auch ich als seinerzeit noch junger Mann, dass ich diese Erfahrung erstmals machen wollte. Ich ging abends zu unserem Rebben und er ließ mich ins Bethaus.

Es war schon dunkel und ich tastete mich vorsichtig in den Hauptraum vor, nachdem der Rebbe hinter mir leise die Tür geschlossen hatte. Es war üblich, dass die Nachtwachen ohne

Kerzen abgehalten wurden und erst der Morgen wieder Licht brachte. So war man nächtens nicht versucht, immer wieder auf die Uhr zu schauen, und man war von vorne herein auf eine dunkle, zeitlose Nacht eingestellt."

Jakov ben Katz nickte bestätigend und meinte: „So machen wir es bei uns auch heute noch."

„Dann", fuhr Abraham Chajim fort, „richtete ich mich auf der harten Holzbank in der vordersten Reihe unseres Bethauses für die Nachtwache ein. Zum Glück würde es nicht kalt werden, denn es war eine laue Sommernacht. Ich begann mit den ersten Gebeten – so wie unser Rebbe es empfohlen hatte. Zu diesen Versen wollte ich von Zeit zu Zeit immer wieder zurückkehren, aber ich wollte mich auch spontan dem Geschehen in der direkten Gegenwart des Höchsten hingeben. Ich war voller Erwartungen. Als ich dann einige Zeit gebetet hatte, hörte ich hinten im Raum ein Knarren der Bodenbretter, ein Tappen, dumpfe Geräusche und ein Seufzen. Ich nahm an, dass der Rebbe einen weiteren Beter eingelassen hatte. Einen Moment lang fühlte ich mich gestört, aber dann entschloss ich mich, dass ich dem anderen eine vorbildliche Nachtwache zeigen würde. Ich schaukelte meinen Oberkörper stärker und murmelte hörbarer vor mich hin. Zwischendurch erhob ich mich und betete im Stehen. So ging es die ganze Nacht und ich brachte eine erstaunliche Disziplin und Haltung auf. Nur manchmal bedauerte ich, dass ich von dem anderen Gast so wenig mitbekam. Ein gelegentliches seufzendes Atmen und eine Art dumpfes Rascheln war alles, was ich von hinten zu hören glaubte. Schließlich konnte ich am Fenster sehen, dass hinter dem Hause langsam der Himmel hell wurde und zuletzt verwandelte sich auch das Dunkel im Bethaus zunächst in ein Grau und schließlich kehrten die Farben zurück. Nun konnte ich mich nicht länger beherrschen und lugte nach hinten. Dort war aber niemand, wie ich verwundert feststellte, doch in dem Moment erhob sich vom Fußboden der große Hund des Rebben und blickte kurz zu mir herüber, bevor er auf den Flur hinaustappte. Ich war wie vor den Kopf gestoßen. Die ganze Nacht hatte ich für einen schlafenden Hund gebetet und mich dabei vor allem mit der äußeren Form beschäftigt."

Abraham Chajim lachte kopfschüttelnd und Jakov ben Katz stimmte ein. „Wahrscheinlich", schloss Rabbi Abraham Chajim grinsend, „war ich dem Höchsten beim Gebet niemals ferner, als in dieser Nacht."

(Clemens Satorius)

Wir

Einmal sagte Rabbi Jakov ben Katz: „Die ganze Welt ist in Ketten gelegt. Sie heißen ‚WIR'. Nur, die einen sind es, die uns versklaven. Die anderen aber sind befreiende Ketten."

(Ruth Finder)

Warum wir sterblich sind

Eine Frage trieb früher oder später alle Schüler des Schargoroder Zaddiks um. Jeder machte ja letztlich die Erfahrung, dass Verwandte, Geschwister, Eltern, Großeltern, Freunde und Nachbarn dahinsanken. Und dieses Erleben verwies die Fragenden natürlich auch auf ihre eigene Endlichkeit und ihre Angst vor dem Vergehen. Dann wollten sie von ihrem Reb wissen, warum des Menschen Leben denn zeitlich so arg beschränkt sei.

Rabbi Jakov antwortete ihnen mit Worten, die viel zu denken gaben: „Seht, meine Lieben, die Menschen häufen im Leben zwei Dinge an: Fehler, die sie sich selbst nicht verzeihen können, und Fehler, die sie anderen Menschen nicht verzeihen können. Diese „Fehler" vergiften nach und nach unser Dasein, auch wenn sie im Vergleich zu den durchschnittlichen Erfahrungen - dem ruhigen Fluss des Lebens - oder gar den guten Erfahrungen vielleicht gar nicht so häufig sind. Ältere Menschen quälen sich oft zunehmend mit Jahrzehnte zurückliegenden, schmerzlichen Erfahrungen und Erinnerungen herum. Weil das so ist, und so ein normales, gesundes Leben irgendwann nicht mehr möglich wäre, werden wir alle nach einer gewissen Zeit aus der Welt genommen und dann jung und rein und unserer Erinnerungen ledig wieder in sie zurückgesandt."

Einige Schüler wollten es dann noch genauer wissen. Wo das Problem im Einzelnen liege. Was genau zu tun sei. Wie es denn in der nächsten, besseren Welt sei.

Und der Rabbi holte weiter aus: „Unsere Erfahrungen - alle unsere Erfahrungen - sind unlösbare, unauflösbare, ewige Bestandteile unserer selbst. Wir haben aber die Vorstellung, dass wir das zeitweise Böse, das Negative, das Schmerzliche, die Fehler irgendwie loswerden müssten. Wir verdrängen, beschönigen sie, schreiben sie äußeren Faktoren zu, wo sie doch tatsächlich in unserem eigenen Sein und Tun wurzeln. Und wir verurteilen, verdammen und verteufeln, wo das negative Tun anderer Menschen uns selbst betrifft. Wir müssen das alles aber als Bestandteile unserer Entwicklung annehmen, akzeptieren. Wir können und werden es niemals loswerden. Es ist ein unverzichtbarer Teil unserer absolut einzigartigen Individualität. Erst, wenn wir alle unsere vergangenen Fehler und die an uns begangenen Fehler dankbar willkommen heißen, sie als geschätzte Teile unserer Entwicklung, ja unseres gegenwärtigen Seins annehmen, dann werden wir unsere vollere Lebensspanne genießen können - wie sie uns am Beispiel der neun Patriarchen vor Noah gezeigt wird, die alle um die 900 Jahre alt wurden. Dann werden wir hinübergehen - alt und lebenssatt - um freudig eine Weile zu ruhen und um danach, voll des Wissens, in die Verjüngung einzugehen. Und dann werden wir reuelos voranschreitend erneut 900 Jahre wandeln und alle wiedertreffen, die wir zurückgelassen haben. Umgeben von Kindern und Kindeskindern bis ins achte Glied, so wie Adam, der noch als Urvater den Vater Noahs kannte."

(Clemens Satorius)

Tanz

Der Mensch ist aus Staub und wird zu Staub", sagt Jakov ben Katz und tanzt dazu.

Ein Freund: „Was gibt es da zu tanzen?"

Jakov ben Katz: „Wenn der Mensch aus Gold wäre und zu Dreck würde - das wäre zum Weinen. Aber so: Am Anfang Dreck und am Ende Dreck und in der Mitte die Möglichkeit von Freude und Tanz - wie sollte man da nicht tanzen?"

(Clemens Satorius)

Der Schlüssel

Es war ein lauer Frühsommerabend und Rabbi Jakov ben Katz war gerade in den Gemüsegarten gegangen, um die zarten Setzlinge zu gießen, als Perle nach ihm rief: „Jakov, du hast

Besuch. Der junge Schmuel ist hier und möchte dich in einer dringenden Angelegenheit sprechen. Er wartet in der Stube auf dich. Komm herein. Ich bringe euch gleich etwas Tee."

Jakov stellte die Gießkanne ab und ging ins Haus. Schmuel sprang vom Sofa auf als der Rebbe den Raum betrat und sofort sprudelte es aus ihm heraus: „Rebbe, Ihr wisst, dass meine Mutter vor drei Jahren verstorben ist und mein Vater im letzten Herbst Leah geheiratet hat." Der Rabbi nickte.

„Sie ist eine gute Frau und kümmerte sich anfangs nur um das Wohl unseres Vaters. Aber mehr und mehr veränderte sie im Haus und nun, stellt Euch vor, will sie den Rosengarten meiner Mutter anders gestalten. Sie ehrt ihr Andenken nicht und will ihren Platz einnehmen!" empörte sich Schmuel verzweifelt.

Rabbi Jakov sah Schmuel lange schweigend an und forderte ihn dann auf, gemeinsam mit ihm das Haus zu verlassen. Schmuel folgte ihm überrascht und so gingen sie an Perle vorbei, die ihnen amüsiert, mit dem Teetablett in der Hand, nachsah.

Sie kannte ihren Jakov und wusste, dass er manchmal zu ungewöhnlichen Methoden griff, um seinen Schäfchen etwas deutlich zu machen. Als nun beide vor der Haustür standen, bat Rabbi Jakov: „Schmuel, bitte nimm deinen Haustürschlüssel und schließe meine Haustür auf."

Verwundert sah ihn Schmuel an und sagte unsicher: „Aber Rebbe, Ihr wisst doch genau, dass mein Schlüssel nicht in Euer Schloss passen und somit Eure Haustür öffnen kann."

Rabbi Jakov klopfte Schmuel auf die Schulter und sagte lächelnd: „Und genau so wenig kann ein Mensch des anderen Menschen Platz einnehmen."

(Ruth Gabriel)

Seifenschaum

Eines Morgens wachte Rabbi Jakov ben Katz schweißgebadet, aber erleichtert aus einem Alptraum auf.

„Was hat dich so erschreckt?!", fragte ihn Perle besorgt.

Er erzählte: „Ich träumte, dass ich zu Besuch bei einem Freund in der Stadt bin. Er weiß, dass ich einen langen Weg zurückgelegt habe, und bietet mir freundlicherweise ein heißes Bad an, bei dem auch etwas Seifenschaum nicht fehlen darf. Ich lege mich genüsslich hinein und beobachte die vielen bunten Seifenblasen. Wie sie glitzern und schimmern, wie sie mich umschmeicheln. Schon habe ich alles drum herum vergessen. Da kriege ich Lust, mehr davon zu haben, und plantsche wild mit Füßen und Händen im Badewasser herum. Die Schaumblasen werden mehr und mehr und wachsen zu einem Berg. Aber auf einmal kriege ich keine Luft mehr - das Seifenblasenungeheuer scheint mich zu erdrücken. Wie gelähmt liege ich da! Angst und Bange haben mich ergriffen. Was tun?! Mit letzter Kraft und Sinn ließ ich die Blasen platzen. Und dann habe ich die nackte Wahrheit gesehen!"

Perle schaute den Rabbi von Kopf bis Fuß an und sagte schmunzelnd: „Die ist doch gar nicht so erschreckend!"

Da lachte der Reb - sagte aber nachdenklich: „Wenn man sich in einer Blase von Unkenntnis und Verblendung befindet und sich mit weltlicher Hast immerfort neue Seifenblasen schafft - das kann einen ganz schön erdrücken. Aber das sind doch nur nichtige Gebilde. Man muss sie beherzt zum Platzen bringen!"

(Ruth Finder)

Vom Sehen und Geschehen

Es hatte sich so zugetragen, dass ein Schüler des Schargoroders sich im Bethaus rar machte. Eines Tages lud der Rebbe seinen Schützling zu einem Spaziergang ein und fragte diesen nach der Ursache für sein häufiges Fernbleiben. Der junge Mann hüllte sich in Schweigen. Sein Lehrer schwieg mit ihm mit.

Aber als die beiden die Grenze des Städchens verließen, da brach es aus dem Schüler heraus: „Rabbi, ich fürchte mich! Mein Lebtag schon fürchte ich mich vor dem Herrn!"

„Wie das?", fragte Jakov ben Katz.

Der Geplagte weiter: „Man sagt doch, dass der Herr alles sieht! Keiner kann seinem prüfenden Auge entkommen! Ist das so? Verstecken, verstecken möchte ich mich am liebsten vor ihm!"

Mittlerweile befanden sich die Zwei auf einem schmalen Pfad, der sich um einen hohen Hügel schlang. Und sie wussten, dass es irgendwo in weiter Ferne eine große Stadt namens B. gab.

Scheinbar zufällig fragte der Rabbi seinen Schüler: „Wie kommst du denn in die Stadt B.?"

Dieser staunte ob der Frage und antwortete: „Ich war noch nie dort, aber erst würde ich diesem Pfad folgen und dann würde ich schon sehen, welche Wege sich mir öffnen, und ich entschiede mich jeweils dort, welche ich nähme."

„Lob dem Herren! Denn er hat für alles gesorgt", pries der Rabbi gen Himmel blickend.

Der Schüler verstand nicht.

Da sagte der Rabbi auf einmal: „Komm mit!" Und schon stieg er flink den Hang hinauf.

Zuerst konnten die Männer sehen, dass der Pfad an einer Kreuzung mündete. Und als sie weiter aufstiegen, sahen sie, dass der gerade Weg in einen Wald führte, dass der rechte Weg sich um einen großen Sumpf herumzog und dass der linke Weg wenig weiter auf einem schmalen, aber brausenden Bach stieß und sich mit ihm in der Weite verlor. Und je höher der Rabbi und sein Schüler die Anhöhe erklommen, desto mehr sahen sie vom Umland mit seinen immer neuen weiteren Wegen, die alle zu dieser Stadt B. führten.

An den Gipfel angelangt, verkündete der Rabbi: „Verstehst du jetzt? So wie wir jetzt alle Wege dort unten sehen, sieht Gott alle Möglichkeiten, die wir im Leben haben, die wir je haben werden, die uns letztlich in sein Reich führen werden. Er hat ja alles schon geschehen lassen und wir müssen nur achtsam wählen. Das ist damit gemeint, dass der Herr alles sieht!"

Und so geschah es, wie es oft geschieht, wenn einem die große Last von der Seele fällt - mit seinem ganzen Gemüt kehrt man um. Man pendelt in die andere Richtung.

Der Schüler rief erleichtert aus: „Ich fürchte mich nicht mehr!" Trunken von seiner eigenen Kühnheit sprach er trotzig weiter: „Siehe! Ich kann dem Herren sogar ein Schnippchen schlagen. Gesetzt, ich gehe an der Abzweigung nach links. Dann folge ich aber nicht diesem Weg den Bach entlang, sondern ich fälle einen Baum, werfe ihn über die tobenden Gewässer und bin im Nu auf der anderen Seite. Ich habe dann einen neuen Weg gefunden. Ich bin mir jetzt mein eigener Herr!"

Rabbi Jakov trat an den Schüler heran und sagte: „Ach, Söhnchen! Aber das ist doch auch unser Herr, der diesen Baum dahin gestellt hat! Und das ist er auch, der dir den Verstand und die Freiheit gab, dich so oder so zu entscheiden. Auch das hat er vorgesehen. Wir müssen lernen, aufzusteigen - uns Ihm anzuschließen, damit wir sehen und erblicken, was der Herr sieht und überblickt."

Und so rückte der Lehrer seinen Schüler sanft in die Mitte.

(Ruth Finder)

Gelungen?

Schon in jungen Jahren wurde es Rabbi Jakov zuteil, dass seine Seele in die hohen Höhen und darüber hinaus mitschwingen konnte. Dort hatte er zuweilen viele Seelen der Dahingeschiedenen aus seiner Stadt Schargorod getroffen. Darunter waren einige wenige, die, durch des Herrn Gnade wie verwandelt geworden, den Sinn des Menschseins verstanden. So auch die von einem reichen Juden namens Baruch.

Eines Tages besuchte Jakov auf dem Gemeindefriedhof das Grab seines Großvaters. Dort begegnete er den drei Söhnen des verstorbenen Baruchs. Während er still am Grabesstein stand, redeten Baruchs Erben laut nacheinander zu ihrem Vater.

Der Älteste sprach: „Vater, wenn du nur sehen könntest, was ich erreicht habe! Ich habe ein großes Haus für meine Familie gebaut. Hoch auf dem Hügel steht es wie ein Palast, reich verziert in den Himmel hinausragend. Gut besuchte Empfänge, die ich dort gebe, sind im ganzen Umland bekannt. Mein Leben ist gelungen!"

Der Mittlere sagte: „Oh, Vater! Wehe uns, dass du nicht mehr unter uns weilst! Wie würdest du dich meiner zahlreichen Nachkommenschaft erfreuen. Elf Kinderchen und das zwölfte ist schon unterwegs! Mein Leben ist geglückt! Sollte ich mir vielleicht ein zweites Weib nehmen?"

Der Jüngste redete so: „Vater! Viel zu früh hast du uns verlassen! Sonst würdest du erleben, dass ich ein Gelehrter und Würdenträger meiner Gemeinde geworden bin. Ohne mein Wort geschieht nichts und die Scharen pilgern zu mir, um mich auch nur zu sehen. Was will man im Leben mehr!"

Und so gingen die drei nach Hause, ein jeder in sein gelungen geglaubtes Leben.

Aber Rabbi Jakov hörte noch mehrere Tage lang das lautlose, verzweifelte Wehklagen der Seele Baruchs, das zu seinen Söhnen nicht durchdringen konnte.

(Ruth Finder)

Heilige Einfalt

Einst sprach der Fürst der Dunkelheit zum obersten Engel: „Es wird erzählt, dass der Mensch nach dem Ebenbild deines Herren geschaffen ist. Aber ich sage dir dies! Überall, in West und Ost, in Süd und Nord habe ich in der Menschen Seelen geschaut. Dunkel sind diese, verworren durch Scharen von Gedanken und Gefühlen. Sogar die besten von ihnen haben dunkle Ecken in sich. Kein Einziger, der mir nicht einen Schatten zum Unterschlupf geboten hat. Und so habe ich in ihnen nur meinesgleichen erkannt. Die Menschheit ist verloren!"

„Überbringe meine Worte dem Fürsten des Lichts!", so spottete er weiter.

Gottes oberster Diener hörte ruhig zu und fragte den Gebieter alles Dunklen: „Warst du auch in Schargorod?"

„Nein, aber was ist denn dort?", erwiderte sein Gegenüber.

„Dort lebt einer, an dem die Welt nicht verloren geht. Der Mann heißt Jakov ben Katz."

Im Nu war des Herren Herausforderer zur Stelle.

Drei Tage lang lauerte er um den Rabbi herum. Drei Tage suchte er nach einer dunklen Ecke in seiner Seele. Vergeblich! In des Rabbis Heiligstem standen alle Türen und Fenster offen und es leuchtete ganz hell darinnen, so dass der arme Teufel begann, etwas von diesem Licht abzubekommen. Aus Furcht davor und in seiner Verzweiflung floh er zurück zur Pforte des Himmels.

Der Engel hatte ihn dort schon mit einem Lächeln erwartet.

„Was war das?!" rief der Unselige.

„Das ist die Heilige Einfalt. Dieser Mensch hat nur EINEN Gedanken, der seine Seele bis in alle Winkel erleuchtet, nämlich im Dienen die Wiedervereinigung mit unserem Herren zu erlangen!"

(Ruth Finder)

Falsche Einstellung

Und wieder hat Rabbi Jakov einige seiner Geschichten zum Besten gegeben. Diesmal aber hob er die Verdienste seiner Zöglinge hervor.

Als die Schüler später alleine dasaßen, ging das Frohlocken und gegenseitiges Schulterklopfen los. Manch einer sah sich schon als des Rabbis Vorredner, ein anderer als Hüter der Thorarolle und so fort.

Derselbe Kamerad tanzte aber auch hier aus der Reihe. Er schaute dem Freudengetümmel nachdenklich zu.

„Was hast du denn wieder?!", war der allgemeine Ruf. „Die Hosen sind doch zu!"

Der sagte aber trocken: „Ja, die Hose sitzt, die Schuhe sind geputzt, das Hemd ist gebügelt und ein neuer Hut soll nicht fehlen. Aber was nützt das alles, wenn einem die Brust so anschwillt, dass man vor lauter Protz und Stolz nicht laufen kann."

(Ruth Finder)

Yaron und Kenan

Ein gemeinsamer Freund von Kenan und Yaron lag mit einer schrecklichen Leibesnot im Hospital. Bei einem ihrer Besuche bat er um ein baldiges Ende – wenn nicht vom Schicksal gewünscht, dann von eigener Hand. Ohne Belehrungen ihrem Freund gegenüber gingen die beiden still, uneins mit sich und mit schweren Herzen nach Hause.

Am nächsten Tag, bei einem ihrer gemeinsamen Spaziergänge, entwickelte sich zwischen den beiden Weggefährten ein kurzes Gespräch.

Kenan: „Wir können uns den Tod geben, aber nicht das Leben. Dürfen wir denn dem Leid entfliehen?"

Mit belegter Stimme antwortete Yaron: „Was soll ein Leben, das nur noch sich selbst lebt, dem Lebenden aber keinen Platz mehr lässt."

Ratlos und still gingen sie noch gemeinsam ein Stück des Weges. Bevor sie sich trennten, besprachen sie sich. Sie waren sich einig, am nächsten Tag den Rabbi um Rat zu fragen.

Am nächsten Morgen trafen sich beide mit dem Rabbi. In der Küche, bei einer gemeinsamen Tasse Tee, sprachen sie über ihre Hilflosigkeit.

Lange sagte der Rabbi nichts. Dann: „Ich sage nicht, macht dies oder das, ich werde nicht sagen, lasst dies oder jenes, aber ich gebe euch etwas auf den Weg. Wir wissen nicht, ob wir mit dem selbstgewählten Wechsel vom Diesseits zum Jenseits durch Selbsttötung dem Schmerz entgehen können, oder ob wir dadurch dem Schmerz vielleicht sogar entgegengehen. Aber gewiss ist, wir sollten bei allem was wir tun, mit Gott gehen."

Yaron wurde ungehalten, er dachte bei sich: „Was soll ich mit dem Gerede?" Es verlangte ihn nach einer konkreten Antwort.

Der Rabbi sah die Hilflosigkeit in Yarons Augen und sprach zu ihm: „Yaron, ich könnte dir viele Antworten geben, aber alle würden sie auf das Gleiche hinauslaufen. Hab Vertrauen zu dir selbst. Du wirst häufiger wissen, was du zu tun hast, wenn du mit Gott gehst, und dies ist kein leeres Gerede."

Dabei lächelte er.

Da ging Yaron ein Licht auf.

(Simon Steiner)

Kommentar von Simon Steiner:

Es bleibt offen!

Trotz der absoluten Freiheit, aber begrenzt durch die innere Unfreiheit, können wir nun mal nicht um die nächste Ecke schauen.

Was ist in oder mit Gott gehen?

Die Schlichtheit im Gegenwärtigen. Einfach zu „Sein". Mutig und voller Vertrauen sein Selbst in die Hand des nicht reflektierten Gewahrseins zu legen, dort hinzugehen, wo unser ICH (AP) nicht folgen kann. In das „JETZT".

Dies gelingt eher selten. Von Zeit zu Zeit klappt es dann aber doch, danach sind wir dann meist ein wenig mehr geklärt und ausgerichtet. Häufig bekommen wir dann auch eine mögliche Lösung präsentiert, wo „ICH" vorher keine gefunden hatte.

Vielleicht könnte man es auch so ausdrücken:

Ein wirklicher Beistand und die vollkommensten Hinweise sind im JETZT zu finden.

Das Problem wird dann zur Chefsache. ^^

...Und so wird aus der Weg-Arbeit eine weg-begleitende Weg-Arbeit.

142

Kleider

Ein Schüler fragte Rabbi Jakov ben Katz: „Wieso heißt es in den Schriften ‚unverhüllte Wahrheit' und ‚nackte Liebe'?"

Der Rabbi antwortete: „Du musst das so verstehen – die menschliche Wahrheit und irdische Liebe sind voller Bedingungen. Diese sind wie Kleider, die man trägt. Manch einer läuft mit einer schweren Ausrüstung herum, ein anderer ist zugeknöpft und zugeschnürt, wiederum einer ist bequem angezogen und es gibt welche, die ganz leicht bekleidet sind. Und nur wenige sind fast ‚entblößt'. Aber reine Wahrheit und reine Liebe sind frei von diesen „Kleidern" – sie sind unmittelbar und daher bedingungslos. Der Weg des Menschen liegt darin, sich nach und nach zu ‚entkleiden'. Er verläuft also vom Bedingten über weniger desselben bis zum Unbedingten."

Der Schüler vernahm die Worte, nickte nachdenklich und ging von dannen. Dabei murmelte er vor sich hin, aber für seinen Lehrer noch gerade hörbar: „...Zwischen Gut und Böse, zwischen Gut und Gut, zwischen Gut und Vollkommenheit..."

Rabbi Jakov ließ ihn gewähren und unterbrach ihn nicht.

(Ruth Finder)

Der Bund

Es wurde überliefert, dass der Schargoroder Rabbi nach jedem Gebet, nach jeder Ansprache – überhaupt immer, wenn er seine Seele auf Gott richtete – am Ende flüsterte, ja fast ohne Ton hauchte: „In Freiheit an dich gebunden, dein Sohn."

(Ruth Finder)

Der Unterschied

Auf die Frage, was denn einen Weisen von einem Narren unterscheide, antwortete Rabbi Jakov ben Katz: „Der Weise akzeptiert die Dinge, wie sie sind. Wenn er sie nicht ändern kann, bleibt er ruhig und behält seine Kraft Dank seiner Gelassenheit bei sich. Der Narr lässt sich von seiner Selbstsucht einspannen und lehnt sich gegen die Gegebenheiten auf. Hiermit kann auch er nichts bewirken, kommt aber um so mehr aus dem Gleichgewicht. Dabei schafft er für sich eine brenzliche Lage."

(Ruth Finder)

Grundlage

Die Grundlage der Lehren des Schargoroders war: „Ich will euch nicht zu sehr gläubigen Menschen machen. Ich will euch zu tief gläubigen Menschen machen. Sehr Gläubige hängen sehr an der Form. Tief Gläubige gründen tief und fest in der Wahrheit."

(Clemens Satorius)

Alles zum Lernen

Ein frecher Jüngling fragte einmal den in die Jahre gekommenen Rabbi Jakov ben Katz: „Wieso halten sich die Alten Tag für Tag an ihrem Siechtum fest? Dem ein Ende zu setzen, wäre doch eine Erlösung."

Der Rebbe - gebeugt und auf seinen Gehstock gestützt - antwortete: „Bedenke, zu unserer Körperlichkeit gehört auch unser

Denken. Wie viele junge Leute aber, die kräftigen Leibes sind und festen Schrittes gerade gehen, haben entstellte, hässliche, ja unheilsame Gedanken. Sollten sie auch vorschnell das Zeitliche segnen, die Geisteskrüppel?"

Als Entgegnung kam: „Die könnten aber noch durch Gnade die geistige Heilung erfahren und ihre Bestimmung erforschen: Gott und Zukunft sind auf ihrer Seite!"

Jakov ben Katz erwiderte: „Auch ein Greis hat künftige Zeit: Morgen werde ich noch mehr erlernen, was mir der Herr durch meine derartige Erdengestalt beibringen will."

(Ruth Finder)

Richtige Einstellung

Eines Abends erzählte Rabbi Jakov ben Katz so einige Geschichten. Jeder seiner Schüler erkannte eine, oder eine Reihe seiner Schwächen darin. Folglich, als die Schüler unter sich blieben, sorgte das in der Runde für trübe Stimmung und lange Gesichter: Von Hilflosigkeit und Ohnmacht bis zu aufkeimendem Widerstand, ja Ablehnung den Hinweisen gegenüber, war alles dabei.

Nur einer unter ihnen sagte immer wieder. „Herrlich, herrlich!"

Einige seiner Kameraden herrschten ihn an: „Warum, zum Teufel, bist du so entzückt?! Geht es dich doch genau so an wie uns!"

Der Geschmähte antwortete: „Das ist es ja! Was würdet ihr denn tun, wenn jemand euch darauf hinweist, dass eure Hose sperrangelweit offen ist, weil ihr in eurer Unbedachtheit vergessen hattet, sie beim Anziehen zuzumachen, und dabei eure

145

Männlichkeit aller Welt ins Auge fällt? Ihr würdet doch dem Hinweisgebenden danken, die Hose in Ordnung bringen und denken: ‚Dem Allmächtigen sei Dank! Einer hat's gesehen!‘"

(Ruth Finder)

Große Fläche

Der Zaddik von Schargorod, Jakov ben Katz, erzählte einmal, wie ihm ein Bettler das Herz zum Himmel ausgerichtet hatte. Dieser Bettler lebte vor langen Jahren in Schargorod und schlief im Sommer auf Wiesen oder unter Bäumen und winters in den Scheunen oder Heuschobern, in die man ihn ließ. Er hatte es sich zur Gewohnheit gemacht, Straßen und Wege der Stadt mit einem selbstgemachten Reisigbesen zu fegen, um sich den Leuten nützlich zu machen, so gut er es vermochte. Manchmal fegte er auch bei dem Schulhause des Rabbi Jakov.

Der brachte in jüngeren Jahren gewöhnlich alles in und um seine Schul selbst in Ordnung. Besonders vor dem Schabbes gab er sich große Mühe, alles aufs Feinste herzurichten. So war er auch an jenem Tage dabei gewesen, den Hof vor dem Schulhaus zu kehren, als der Bettler mit seinem Besen auf der Schulter vorbeikam. Er blieb mit Kennerblick stehen und nickte dem Rabbi freundlich zu, während er ihn beobachtete. Der Rabbi nickte ebenfalls freundlich und fegte weiter. Schließlich kam der Bettler herüber, stellte sich zu Jakov ben Katz, beugte sich ihm zu und sagte leise und eindringlich: „Die Fläche ist groß, aber der Besen ist klein." Dann nickte er noch einmal langsam und tiefsinnig, sah dem Reb dabei in die Augen, drehte sich um und ging seines Weges.

Jakov ben Katz war wie vom Donner gerührt. Er schaute plötzlich weit hinein in die Herrlichkeit Gottes, wie alles so trefflich eingerichtet ist. Wie klein die Menschen vor dem Hintergrund dessen sind – und wie gleichzeitig gut und richtig an ihrem Platz. Er verharrte auf seinen Besen gestützt und mit nach innen gerichtetem Blick und sann weiter und weiter, während ein Leuchten sein Haupt umstrahlte.

Schließlich atmete er tief durch und machte sich mit freudigem Gesicht und erhobenem Geist wieder an die Arbeit.

(Clemens Satorius)

Das Geheimnis

Ein Jude aus der Stadt hatte Rabbi Jakov ben Katz und seine Frau Perle zu der Hochzeit seiner Tochter eingeladen. Die Jungvermählten hatten allerlei Geschenke erhalten und man hatte auch nicht mit Segnungen und Ratschlägen für ein geglücktes Eheleben gegeizt: Ein reiches Haus mögen sie haben, viele Kinder bekommen, Schwiegereltern ehren und desgleichen mehr. Danach wurde ausgelassen gefeiert.

Als alle Gäste sich am späten Abend verabschiedet hatten, blieb Jakov ben Katz in der Stube des Brautvaters, um mit ihm ein paar Worte zu wechseln. Seine Frau stand schon an der Tür und wartete auf ihn.

Da kam das frisch verheiratete Paar auf sie zu und fragte sie: „Werte Nachbarin, wie kommt es, dass du und der Rabbi so in Eintracht miteinander lebt, wo doch alle wissen, dass du früher sehr unzufrieden mit deinem Jakov warst und der Haussegen bei euch oft schief hing. Was ist das Geheimnis?"

Perle antwortete: „Es gibt keines. Er hat mich aber jeden Morgen liebevoll und freundlich begrüßt und jeden Abend genauso verabschiedet."

Die jungen Leute blickten sie verdutzt an und sagten erstaunt: „Das Gleiche hat uns der Rabbi auch von dir erzählt."

Perle sah mit ergriffenem Staunen zu ihrem Mann hinüber, der mit dem Gastgeber scherzte, und der letzte Gram verflog aus ihrem Herzen.

(Ruth Finder)

Beschämung

Als er schon längst ein bekannter Zaddik geworden war und zu ihm von nah und fern Chassiden kamen, um seinen Rat einzuholen oder seine Lehrvorträge zu hören, berichtete Rabbi Jakov ben Katz von Schargorod manchmal eine Begebenheit aus seiner Zeit in der Thora-Schule. Die Kinder hatten dort einen Schulmeister, der für sich bisher nicht ganz entschieden hatte, ob er dem Weg des Baalschem folgen wollte. Er war noch in manchem etwas lau und das äußerte sich unter anderem darin, dass, wenn mittags die Kinder ihre Schreibübungen machten, er sich gewöhnlich in der Bücherkammer auf eine Bank legte und ein Schläfchen machte. Den Kindern sagte er, er gehe ins Traumland, um die alten Weisen und Patriarchen wie Abraham und Moses zu treffen.

An einem besonders warmen Sommertag schliefen auch etliche Schüler mit den Köpfen auf ihren Tischen ein, während der Schulmeister im Nebenzimmer auf seiner Bank ruhte. Der jedoch erwachte früher und fand im Schulzimmer noch einige Kinder schlafend vor. Daraufhin schimpfte er sehr mit ihnen, aber der junge Jakov ben Katz meinte, als er aus dem Schlaf hochgeschreckt war, dass sie im Traumland gewesen seien, um auch einmal die alten Weisen zu treffen.

„Welche Botschaft gaben euch die Weisen und Patriarchen denn?" wollte der Schulmeister da im Glauben wissen, Jakov so auf das Glatteis führen zu können.

Der aber antwortete: „Wir fragten sie, ob mittags immer unser Schulmeister zu ihnen kommen würde, aber sie erwiderten, dass sie einen solchen Burschen noch nie gesehen hätten."

(Clemens Satorius)

Wolf und Levi

In Schargorod lebten Wolf und Levi Haus neben Haus. Sie waren bereits als Kinder so eng befreundet, dass sie wie Brüder waren. Als Wolf und Levi aus ihren Elternhäusern auszogen und selbst Familien gründeten, suchten sie sich zwei Grundstücke, die nebeneinander lagen, und bauten sich darauf ihre Häuser. Sogar ihre Gärten waren durch eine kleine Pforte miteinander verbunden. Nun im Alter waren beide allein. Ihre Kinder waren selbst Mütter und Väter geworden und ihre Frauen dahingeschieden.

Ihre Freundschaft hatte über die Jahre gehalten und sich sogar vertieft, obwohl sie beide von sehr unterschiedlicher Art waren. Wolf war sehr lebendig und ein richtiger Wirbelwind. Die Menschen liebten es, dass er sie zum Lachen brachte, wenn er in ausgelassener Stimmung war. Andererseits konnte er sie von einer Minute zur anderen das Fürchten lehren, wenn sich plötzlich wie eine Wolke eine dunkle Stimmung über ihn legte.

An Levi schätzten die Schargoroder, dass er auf seine ruhige und zurückhaltende Art immer ein offenes Ohr und einen guten

Rat für einen Ratsuchenden zu geben hatte. Doch fühlten sie sich oft abgelehnt, wenn er sich zu Zeiten lieber zurückzog, um ein gutes Buch zu lesen und einen Tee zu trinken, als mit ihnen auf dem Markt zu plaudern.

Eines Tages nun klopfte Levi an Rabbi Jakov ben Katzens Tür und bat selbst dringend um einen Rat: „Rebbe, ihr wisst, dass Wolf mir seit frühester Kindheit an kostbar wie ein Bruder ist. Um so mehr bedrückt mich, dass er zu Zeiten von einem aufs andere Mal sehr streitlustig und grimmig ist. Es schmerzt mich sehr, dass wir dann keinerlei Zugang zueinander finden und wir wie Fremde scheinen, die sich voreinander schützen müssen. Was soll ich dann nur tun?"

Rabbi Jakov antwortete: „Tee machen, ein gutes Buch nehmen, Gartentür zu."

(Ruth Gabriel)

Festes Pflaster (für Mr. T.)

Die Hauptstraße in Schargorod war schon seit Menschengedenken in einem jämmerlichen Zustand. Die Hälfte des Jahres war sie tief verschlammt oder mit einer völlig zerklüfteten Oberfläche zugefroren, die andere Hälfte war sie sandig, staubig und hatte darunter eine ebenfalls völlig zerklüftete, festgebackene Oberfläche. Kurz, es war für Mensch, Tier und Wagen eine Quälerei, Schargorod zu durchqueren.

Nach endlosem Hin und Her hatte der Stadtrat zuletzt beschlossen, dem Einhalt zu gebieten, und ein festes Pflaster auf der ganzen Hauptstraße verlegen zu lassen.

In der schlammigen Zeit rückten endlich die Arbeiter an. Sie begannen, an verschiedenen Stellen gleichzeitig mit Schaufeln,

Schubkarren und Wagen den Schlamm abzutragen. Dabei stellten sie fest, dass die Straße unter einer dicken Schlammschicht schon wunderbar fest gepflastert war. Durchgehend und einschließlich einiger wichtiger Nebenstraßen.

Jakov ben Katz freute sich und sagte dazu: „In allem ist es mit der spirituellen Weg-Arbeit genau so."

(Clemens Satorius)

Kommentar Jonas Hochreiter:

Ja, das feste Pflaster, das uns nach Entfernung des Schlammes einen sicheren, fundierten Schritt durchs Leben ermöglicht, ist IN uns zu finden. Es ist - eindimensional betrachtet - der feste Punkt, von dem wir die (unsere) Welt aus den Angeln heben können. Ein Fundament, auf das wir alles aufbauen können. Oder dreidimensional betrachtet der Raum, in dem wir alles wahrnehmen, der wir in Wahrheit sind. Oder biblisch gesprochen ist es der Schatz im Acker, den wir finden müssen. Es gibt so viele Hinweise dazu...

Kommentar Thomas von Bremerhaven:

Ist der Schlamm - das was uns hindert, unsere stabile Basis zu erkennen - gefroren (Kälte+Feuchtigkeit) oder festgebacken (Wärme+Trockenheit), ist es fast unmöglich, die stabile Basis zu erreichen. Es braucht Wärme und Feuchtigkeit. Dann kommt man relativ leicht an die stabile Basis.

Wärme ist die menschliche Seite der SpirGem - Feuchtigkeit die Informations/Inspirations-Seite der SpirGem.

Kommentar Ludwig:

Und das Extrem Kälte+Trockenheit? Wofür könnte das in diesem Bild stehen?

Kommentar Clemens Satorius:

Kälte UND Trockenheit stehen als extreme Zuspitzung der ungünstigsten Umstände: Einsamkeit UND Informationsferne. Das wäre eine ziemlich heftige Karmakeule. Das Bild beinhaltet allerdings zwei gegensätzliche Varianten.

Auf der einen Seite sind trockener Sand und Staub auch bei sehr niedrigen Temperaturen nur Sand und Staub. Und damit kein großes Hindernis auf dem Wege zur festen Basis. Hier klingt der Erweckungscharakter der Karmakeule an.

Andererseits gilt als einer der niederschlagsärmsten („trocken-sten") Orte der Welt der Südpol - mit seiner kilometerdicken Eisschicht, gewachsen in Jahrzehntausenden. Da klingt auch die andere Seite der ESG-und Inspirationsferne an: Trotz der aversiven karmischen Reize nicht aus dem unerlösten Zustand herausfinden zu können.

Im Gasthaus

Einmal saß Rabbi Jakov ben Katz mit ein paar Schülern zu Mittag in einem Gasthaus. Sie konnten dabei hören, wie ein Jäger am Nebentisch prahlerisch erzählte, dass er am gestrigen Tage eine Hirschkuh erlegt habe. Wie er ihr auflauerte und sich an einer Böschung in Stellung brachte, wie er seine Büchse lud - ja, alles braucht seine Weile - und wie er dann abdrückte. Seine Tischgesellschaft johlte anerkennend.

Später in der Schul sagte der Schargoroder zu seinen Schülern: „Eine abgeschossene Kugel und ein gesprochenes Wort kann man nicht zurück nehmen. Aber die Waffe, die schneller ist als des Menschen Zunge, muss man noch erfinden."

(Ruth Finder)

Der Gärtner und der Garten

Unter den Chassiden ging eine besorgniserregende Nachricht über den Rebben einer benachbarten Gemeinde in Proskuriw um. Der war eines Morgens schreiend in seinem Gemüsegarten dabei aufgefunden worden, wie er unziemlich gekleidet Pflanzen herausriss und dabei wirr stammelte. Er musste unter Zwang in sein Haus geführt und in einem Zimmer eingeschlossen werden, wo er aber nicht wieder zur Geistesklarheit erwachte und nach einigen Wochen starb.

Der Zaddik der Schargoroder meinte dazu: „Wir können über diesen Fall nicht urteilen. Wurde eine alte Schuld beglichen? Nahm der Rebbe eines anderen Schuld auf sich? Unterlag er ehrenvoll in einem Kampf? Hatte er sich selbst in Bedrängnis gebracht? War es Sieg oder Niederlage? Eine Prüfung für die anderen? Für ihn selbst?

Was wir aber tun können - wir können aus der Geschichte ein Gleichnis gewinnen: Eines Menschen Garten sollte immer seinen Möglichkeiten und Fähigkeiten entsprechen. Es macht keinen Sinn, außerhalb des Zaunes zu roden und den Zaun um die Rodung herum zu verlängern, wenn wir die neu gewonnenen Beete oder Felder nicht bestellen können. Und es macht auch keinen Sinn, wenn wir uns innerhalb unseres Zaunes nicht nähren können, aber aus Faulheit, Beschränktheit oder aus Angst vor den neuen Landen nicht über unseren Zaun steigen mögen.

Wir sind in den Garten gesetzt und wachsen in den Posten des Gärtners hinein, bis wir wieder aus dem Garten genommen werden. Hineingesetzt und herausgenommen werden - das entzieht sich uns, aber für die Weile des Gärtnerns es auf die rechte Weise tun, das ist uns gegeben.

Rebbe Baruch von Proskuriw hat unseres Wissens den Anbau in seinem Garten verbessert und auch die Fläche vergrößert. Dies ist alles, was wir über ihn sagen wollen."

(Clemens Satorius)

Nicht erst, wenn...

Ich müsste doch nicht erst alle Erzengel und Engel im Himmel beim Namen und in ihrer Wirkung kennen", meinte einmal der Schargoroder, „und alle Stufen auf der Himmelsleiter gezählt haben, und schon gar nicht erst des Herren Willen und Plan zu entschlüsseln, um die Arbeit an mir selbst und den Dienst am Gottvater und an meinen Mitmenschen zu tun. Denn bis dahin tappen wir doch nicht im Dunkeln! Jeder hat ein Gottesfünklein in sich, welches einem den Weg andeutet. Nenne es wie du willst: Einen Ruf oder eine Erinnerung, Gewissensstimme oder Sehnsucht. Für jeden, der mit offenen Augen, ehrlichen Gemütes und gütigen Herzens bei sich und auf die Welt schaut, bieten sich schon jetzt jeden Tag dieser Arbeit und dieses Dienstes Möglichkeiten."

(Ruth Finder)

Nur das

Rabbi Jakov ben Katz sagte einmal zu seinen Schülern: „Wir müssen dahin kommen, dass unser Leben kein Stückwerk ist. Denkt darüber nach!"

Nach eine Weile fragte er nach. Hatte aber keine Antwort erhalten.

Ein Schüler trug dann das allgemeine Bedenken vor: „Werter Rebbe! Die Gegebenheiten des Lebens sind doch vielfältig und reihen sich aneinander an. Manchmal sind sie ärgerlich, schwierig, mit Angst behaftet, so dass man nicht hinein geraten will, und wenn man schon drinnen steckt, möchte man schnell raus, oder aber man bleibt bis zum bitteren Ende darinnen. Und manches Mal sind sie erfreulich und tun einem gut, so dass man am liebsten lange darin verweilen möchte und sie festzuhalten anstrebt, bis einem wieder etwas anderes geschieht, oder etwas über einen hereinbricht, welches das eigene Leben wie ein, wie du sagtest, schlecht gezimmertes Haus aussehen lässt. Jede Begebenheit ist anders und verlangt mal diese mal jene Entscheidung. Wie könnte da unser einer eine Einheit bilden?"

Der Rabbi antwortete: „Diese Einheit ist da. Es hängt von dir ab, sie anzunehmen. Denn es gibt nur dies: Gott tritt in jeder Gegebenheit an dich heran und du entscheidest dich jedes mal nur für Eines, nämlich dass sein Gotteswille geschehe und dass du in seinem Sinne handelst."

(Ruth Finder)

Zwei Seiten

Und derjenige ist wahrhaftig frei und ist bereit eine weitere Stufe zu ersteigen, der frei geworden ist von Lob und Tadel. Aber seid auf der Hut, denn alles hat zwei Seiten." Mit diesen Worten verabschiedete Rabbi Jakov ben Katz seine Schüler aus der Lehrstunde.

Nach einigen Monaten kam zu ihm einer seiner Schüler und bat seinen Lehrer um Anweisungen für das weitere Fortkommen. Der Chassid berichtete dem Rabbi: „Die tadelnden Urteile der Leute versklaven meine Seele nicht mehr und der süße Honig ihres Lobes ist meiner Seele keine Speise."

Der Rabbi hörte zu. Dann stand er auf und sagte mit dem prüfenden Blick zu dem Schüler: „Wir sehen uns morgen wie immer in der Schul."

„Wie immer? Rabbi! Sonst kein Wort?!"

Jakov ben Katz erinnerte ihn aber: „Die andere Seite, mein Sohn, die andere Seite: Wir müssen auch von ‚nicht Lob und Tadel' frei werden."

(Ruth Finder)

Altäre

Der Schargoroder Rabbi stand vor seiner Gemeinde und gab ihr einen gedanklichen Anstoß: „Wir alle und Generationen unserer Vorfahren sind darüber traurig, dass wir unseren großen Tempel in Jeruschalajim nicht mehr haben. Wir warten sehnsüchtig darauf, dass wir ihn eines Tages wieder errichten können. Aber alle Jehudim, ja eigentlich alle Menschen, haben einen kleinen Tempel in sich - ihre Seele! Und genau wie es in dem großen Tempel Geräte für den Gottesdienst gab, so gibt es auch in unserem kleinen Tempel Geräte dafür. Diese Geräte sind unsere Gefühle und Gedanken, und mit denen in unserem inneren Tempel Gott zu dienen, sind wir eigentlich geschaffen."

„Wie kann es dann aber sein", fragte einer der Schüler, „dass es so viele böse Gedanken und Gefühle auf der Welt gibt?"

Rabbi Jakov nickte. „Ich möchte mit euch einmal einen etwas anderen Blickwinkel wählen. Ihr wisst, dass auf Gottes Geheiß im Tempel zwei Altäre gebaut wurden. Ein äußerer Altar aus Kupfer und ein innerer Altar aus Gold. Auf dem äußeren Altar sollte ein brennendes Feuer niemals erlöschen. Der innere Altar stand mit seiner goldenen Substanz für das göttliche Licht selbst.

Wenn wir das auf den Seelentempel des Menschen übertragen, dann müssen wir wissen, dass Kupfer als unedles, ärmliches Metall galt. Gold dagegen war und ist hochwertig. Die Geräte für den Tempeldienst sind jedoch nicht gut oder schlecht, oder ärmlich oder hochwertig zu nennen. Sie sind eben einfach die Geräte und können an beiden Altären eingesetzt werden. So ist es auch mit den Gefühlen und Gedanken. Sie sind als Werkzeuge weder schlecht noch gut. Es kommt darauf an, ob wir sie auf dem äußeren oder auf dem inneren Altar benutzen.

Der äußere Altar ist, wenn wir den Tempel betreten, immer der, der zuerst ins Auge fällt. Mit seinem flackernden Feuer, seinem Rauch, seinem Zischen und Knacken zieht er sofort die Aufmerksamkeit auf sich. Der goldene Altar ist zuerst schwer zu erkennen. Alle treten gebannt an den äußeren Altar heran und dienen dort mit ihren Geräten. Durch das immerwährend brennende, rußende Feuer werden die Geräte jedoch schnell beschmutzt und wir geraten in einen Prozess, in dem wir, ob wir wollen oder nicht, immer wieder die Geräte reinigen müssen und sie dann erneut verschmutzen.

Irgendwann erblicken wir dann auf der Suche oder in der Not auch den goldenen Altar. Teils durch eigene Leistung, teils durch Hinweise anderer Tempeldiener. Doch können wir nur mit einigermaßen reinen Werkzeugen zum goldenen Altar herantreten. Beim Dienst an ihm hingegen bleiben die Werkzeuge sauber, ja sie werden sogar weiter gereinigt, da hier nicht rußiges Feuer, sondern das durch die goldene Form des Altars symbolisierte göttliche Licht das Medium der Darbringung ist.

Nachdem wir von beiden Altären wissen, muss jeder Tempeldiener die Entscheidung, an welchem Altar er dienen will, zuerst immerwährend und in jedem Augenblick neu für sich treffen. Nach und nach wird daraus dann erst eine Haltung und zuletzt Wesensnatur."

(Clemens Satorius)

Bart

Seit etlichen Jahren war der junge Gavril aus der Nachbarschaft Schüler von Jakov ben Katz gewesen, und zwischenzeitlich war er in ein Alter gekommen, in dem ihn früh und üppig ein kräftiger Bartwuchs überkam. Nur wenig Zeit später hatte er schon einen Bart, der in seiner schwarzen Pracht selbst die Bärte der Gemeindeältesten in den Schatten stellte. Von diesem Zeitpunkt an machte er in den Übungen und Pflichten der Chassidim keine rechten Fortschritte mehr. Stattdessen pflegte er seinen Bart. Er bürstete ihn mehrmals täglich und wusch ihn auch ungebührlich häufig. Zudem verglich er die Bärte aller Chassidim, die zu den Versammlungen kamen - ja, sogar aller Männer, die er auf den Straßen sah - mit seinem eigenen Bart. Er befasste sich schließlich mit fast nichts anderem mehr. Zuletzt bemerkte er jedoch selbst seine Fixiertheit und Stagnation und begab sich nach einem Treffen im Bethause zum Rebben, um ihn diesbezüglich um einen Rat zu bitten.

„Dein Bart ist dir im Wege", sagte Rabbi Jakov kurz angebunden. „Unternimm etwas!"

Verzweifelt ging Gavril nach Hause, raufte sich die Gesichtsbehaarung und griff schließlich zur Schere. Er stutzte und stutzte bis er nur noch ein fusseliges Etwas in seinem Geschicht hatte. Und in diesem Zustand hielt er von da an seinen Bart, pflegte ihn nicht mehr, und ertrug auch den Spott und die Fragen der anderen Chassidim. Er wurde jedoch traurig, und Fortschritte und Freude an den Übungen blieben weiter fern von ihm.

Schließlich bat er Rabbi Jakov erneut um ein Wort der Rechtleitung.

„Du beschäftigst dich immer noch ohne Unterlass mit deinem Bart. Komm heute Nacht zur Schlafenszeit ins Bethaus. Warte im Flur, bis du hereingerufen wirst."

Spät nachts erschien Gavril im Bethaus - die Tür war nicht verschlossen. Er ging hinein und setzte sich im Flur nieder, um zu warten. Nach einer Weile vernahm er aus dem Inneren dumpfe Stimmen. Denen lauschte er einige Zeit, ohne etwas zu verstehen. Dann hörte er seinen Rabbi rufen: „Gavril, nun komm herein!"

Als er den Hauptraum des Bethauses betrat, blickte er verwundert in die Runde. Um ihn herum saßen Männer mit mächtigen Bärten und feurigen Augen, und er meinte, verschiedene Erzväter und Patriarchen und sogar den Baalschem selbst zu sehen. Von der Seite trat sein Rebbe zu ihm und sprach: „Wenn du eine Frage an die Alten hast, dann kannst du sie nun stellen."

Die durchdringenden Augen der ungewöhnlichen Gäste richteten sich auf ihn und er traute sich schließlich zu fragen: „Spielen eure Bärte irgendeine Rolle?"

Die Augen desjenigen, den er für Avroham hielt, schienen noch stärker zu brennen, als er mit einer Stimme wie mahlende Steine zu ihm sagte: „Bärte? Was für Bärte?"

Da schreckte Gavril hoch und fand sich an seinem Tisch in seiner Stube, wo er scheinbar vor einem Buch und einer Kerze eingeschlafen war. Es war schon spät und er sprang auf und rannte zum Bethaus. Die Türen waren verschlossen, Licht war nicht zu sehen, und Gavril ging nachdenklich wieder nach Hause. Er sah immer noch die feurigen Augen der Erzväter vor sich.

Am nächsten Tag entschuldigte er sich wortreich bei Jakov ben Katz für sein Fernbleiben, aber der antwortete nur mit einem wissenden Blick: „Fernbleiben? Was für ein Fernbleiben?"

Von da an wuchs der Bart des Gavril wieder. Er vernachlässigte ihn auch nicht. Er kratzte ihn, wenn es ihn juckte. Er wusch ihn bei Bedarf. Und er schnitt ihn kürzer, wenn er ihm hinderlich wurde. Mit seinen Übungen, Pflichten, Studien und seinem Verständnis ging es wieder voran.

Später tuschelten die Leute manchmal über seine feurigen Augen.

(Clemens Satorius)

Sammellust

Während einer Reise durchs Schargoroder Land stieg Rabbi Jakov ben Katz in einer Gaststätte ab, die zu dieser Tageszeit mit Gästen gut gefüllt war. Der Wirt zeigte dem Rabbi den letzten noch freien Platz an einem Tisch in der Ecke des Raumes. Rabbi Jakov fand sich sogleich in der Gesellschaft dreier Geschäftsleute, die ihm freundlich zunickten. Es stellte sich heraus, dass alle drei leidenschaftliche Sammler von jeweils verschiedenen Sachen waren. Das Tischgespräch drehte sich also darum, was sie sammelten.

Der eine trug mit der Zeit eine Menge Tabakspfeifen zusammen. Er schwärmte, wie gerne er seine zahlreichen Pfeifen betrachte und ordne.

Der andere erzählte, dass er es sich zur festen Gewohnheit machte, aus jedem Land, welches er bereiste, ein paar der dort geprägten Münzen aufzubewahren. Er berichtete mit wichtiger Stimme, dass es für ihn beinahe wie der Dienst an seinen Kunden wäre, so ernsthaft und gründlich poliere er die gesammelten Geldstücke.

Der dritte war nicht nur ein Kaufmann, sondern hatte Ländereien als zweites Standbein. Nach seinem Bekunden hatte er dort genug Platz, um exotisches Getier aus aller Herren-Länder unterzubringen. Es mache ihn stolz, die Tiere zu besitzen, und am liebsten drehe er seine Besichtigungsrunden um die Gehege und Volieren für sich alleine.

Dann fragten die Männer den Rabbi, ob und was er sammeln würde.

Der Schargoroder antwortete schlicht: „Ich sammle jeden Tag aufs Neue mich selbst. Ich sammle und ordne meine Gedanken und Regungen der Seele, im Dienste Gottes sammle ich mich zum Gebet, ich sammle meine Gemeindemitglieder zu einer Gemeinschaft."

(Ruth Finder)

Leben

Rabbi Jakov ben Katz kam gerade aus dem Garten zurück, in dem er ein kleines Stück Erde umgegraben hatte, denn er und seine Frau Perle wollten dort ein Gemüsebeet anlegen. Als er gerade dabei war, sich des erdverkrusteten Schuhwerks zu entledigen, wurde er von Uri aufgesucht. Uri war ein Mann, der bei den Schargorodern hohes Ansehen genoss. Er war immer bereit eine Belehrung zu geben, doch eine Tasse Tee erhoffte man von ihm vergebens. Nicht dass Uri diese nicht gewährt hätte. Für ihn stand die Belehrung so sehr im Mittelpunkt, dass ihm diese grundlegende Art des Miteinanders einfach nicht so ohne weiteres zugänglich war. Vor einigen Monaten nun hatte er seine Frau verloren und lebte seither allein in seinem kleinen Häuschen.

Während nun Jakov den Tee zubereitete, steckte Perle kurz den Kopf durch die Tür und erinnerte ihren Mann daran, dass das Küchenfenster noch repariert werden wollte.

Jakov reichte Uri eine Tasse Tee, nahm die Katze, die sich auf seinem Sessel zum Schlaf zusammengerollt hatte, auf den Schoß, streichelte sie und trank dabei seinen Tee.

Dabei klagte ihm Uri sein Leid: „Rabbi, ich habe kein größeres Verlangen als Gott zu dienen. Doch mein Leben besteht anscheinend nur noch aus Arbeit, Wäsche waschen, auf dem Markt einkaufen, um eine Mahlzeit zubereiten zu können, das Haus in Ordnung halten und sich um das Vieh kümmern. Und das tagein, tagaus. Wo bleibt da noch Zeit um Gott zu dienen?" Er schaute den Rabbi müde, erschöpft und verzweifelt an.

Bevor der Rabbi etwas erwidern konnte, klopfte es am Fenster und Jakovs Nachbar Samuel erbat dringend Hilfe, da ihm sein Karren in der nassen Erde steckengeblieben war. Mit vereinten Kräften befreiten sie zu dritt das eingesunkene Rad. Samuel schüttelte voller Dank beiden Männern die Hand, bevor er wieder seinem Tagewerk nachging.

Wieder in der guten Stube schaute Uri den Rabbi voller Zuneigung und Freude an und sagte: „Ich habe heute zwei Dinge gelernt. Zum einen, wie man Gott tagtäglich dienen kann und zum anderen, dass man eine Frage vollständig und umfassend beantworten kann, ohne ein einziges Wort gebrauchen zu müssen." Nachdem daraufhin erneut Perle das Zimmer betreten und ihren Mann auf ihre unnachahmliche Art streng noch einmal darauf hingewiesen hatte, dass das Küchenfenster warte, brachen beide Männer in lautes Lachen aus.

(Ruth Gabriel)

Das Stillhalten der Fackel

Manchmal hatte der Zaddik von Schargorod in der Versammlung das Bedürfnis, eine kurz gefasste Wahrheit vorzutragen. An diesem Tag begrüßte er seine Schüler und sagte: „Unsere Aufgabe in den Trennungswelten lässt sich auf das Stillhalten der Fackel reduzieren, damit wir des Höchsten Licht bestmöglich erstrahlen lassen.

Allerdings hat die Aufgabe in Fackel und Flamme zwei Aspekte. Der Schüler muss am Anfang ganz daran arbeiten, zu lernen, die Fackel ruhig zu halten, sie nicht umherzuschwenken und unruhig zu heben und zu senken. Er muss sich vornehmlich mit sich selbst beschäftigen und zur Ruhe kommen. Ein Nebeneffekt ist - außer in äußerlich sehr unruhigen Zeiten - dass auch die Flamme der Fackel ruhiger und gleichmäßiger brennt.

Später dann, wenn das ruhigere Halten der Fackel ihm zur Selbstverständlichkeit geworden ist, wird er beginnen, sich hauptsächlich auf die Flamme und auf ihre Umgebung zu konzentrieren. Jetzt bemerkt er Bewegungen der Luft, Unruhe der Atmosphäre und kann mit der Fackel mit diesen Strömungen mitgehen, um in der Bewegung die Flamme so ruhig wie möglich brennen zu lassen. In Perfektion ist dies das Tanzen der Meister.

Gewiss wird sich auch schon der voranschreitende Schüler nach und nach der Beruhigung der Flamme in der Bewegung widmen, aber er muss darauf achten, das richtige Verhältnis zu wahren. Schülerdisziplin ist das Stillhalten der Fackel, Meisterdisziplin das

Ruhighalten der Flamme in äußerlicher Bewegung. Voreilige Vorstöße führen zu Unruhe und schwächen die Fähigkeit des Stillhaltens der Fackel. Das dürfen wir nicht vergessen. Und damit beende ich für heute unsere Versammlung."

(Clemens Satorius)

Ein Irrtum

In einer Gasse des Städtchens Schargorod kam dem Rabbi Jakov ben Katz ein Jude entgegen. Der Reb grüßte ihn mit: „Gott sei mit dir!"

Der Mann aber baute sich vor ihm auf und sprach aufgewühlt: „Mein Leben ist schwer – ich weiß nicht mehr ein noch aus. Ah, Rabbi! Wo ist denn Euer Gott?! Warum hilft er mir nicht?! Ich finde keinen Glauben mehr. Und ich würd gerne glauben – könnte ich doch nur einen Augenblick auch nur mit einem Auge sein Angesicht erhaschen!"

Der Rabbi sagte sanft zu dem Mann: „Ich befürchte, dass das wenig an deiner Lage und deinen Klagen ändern würde."

Der Jude entgegnete: „Oh doch! Das würde alles ändern!" Der Rabbi nickte und sah gen Himmel. Und siehe da! Der Himmel tat sich auf und der Herr selbst schaute auf die beiden.

Der Mann fiel auf die Knie und blickte eine kurze Weile überwältigt Ihm entgegen.

Dann aber rief er klagend aus: „Da, wo ich jetzt weiß, dass es dich doch gibt, warum hast du mir denn nicht geholfen?!"

(Ruth Finder)

Bescheidung

Ein Schüler kam zu Rabbi Jakov ben Katz und beklagte sich bitter: „Ich bin ein Nichtiger und Unwürdiger! Im Traum offenbarte mir ein großer Engel die eine und einzige Wahrheit und er ließ mich diese einleuchtende Botschaft Mal um Mal wiederholen. Aber als ich aufwachte, hatte ich alles vergessen! Ich bin untröstlich, hatte ich doch die Aufgabe, die heiligen Worte zu verkünden, nicht erfüllt."

Mit freudiger Beherztheit schloss der Rabbi den sichtlich verwirrten Schüler in die Arme und sagte zu ihm: „Ich sage dir dies: Die Gnade des Herren sei mit dir, denn dir wurde beschieden, dass es die Wahrheit GIBT! Und deine, so auch unser aller Aufgabe ist, sie im Vertrauen darauf zu finden."

(Ruth Finder)

Rechte Seite

Es war bekannt, dass Rabbi Jakov ben Katz die Schriften anderer Gläubiger nicht verschmähte. Er sagte stets, man könne von allen und aus allem lernen.

Eines Tages las er seinen Schülern aus dem neuen Teil der Christenbibel vor.

Nachdem er die Zeile „Und wenn dich jemand auf die linke Wange schlagt, wende ihm auch deine rechte zu" vorgelesen hatte, ging ein Raunen durch seine Zuhörer.

„Wo bleibt die Selbstachtung!" und „Wie kann das sein!" vernahm man aus der Menge.

Der Reb legte hingegen den Spruch so aus: „Wenn einer dir Schaden zufügt, trachtet eine dunkle Seite in dir nach Vergeltung.

Aber sollst du nicht unserem Vater im Himmel gleich tun, dem gegenüber wir sündigen, und der uns aber kraft seiner Allmacht weiter liebt und immerwährend unsere Sünden vergibt? Eben, du musst versuchen, dem Peiniger deine RECHT-schaffene Seite zuzuwenden und ihm zu vergeben. Diese RECHT-geratene Seite in dir kann weitere Schläge ertragen, die andere nicht."

(Ruth Finder)

Himmlische Arithmetik

Eine kleine Enkelin von Rabbi Jakov ben Katz stürmte übermütig bei dem Fangenspiel mit ihren Geschwistern in die Stube, wo sich der Rabbi gerade mit einigen seiner Schüler über den Weg des Menschen unterhielt. Im gleichen Moment schnappte das Mädchen auch den letzten Satz auf, den der Reb an seine Zuhörer richtete. Er sagte: „Also, eins und eins macht drei!"

Fragend wie auch die Schüler schaute die Kleine - in der Familie durften auch alle weiblichen Mitglieder lesen und schreiben lernen - den Rabbi an. Sie zog schüchtern an des Rabbis Mantel und sagte leise: „Aber Großvater, eins und eins macht doch zwei?!"

Der Rabbi streichelte liebevoll über ihren Kopf und bestätigte: „Recht hast du, mein Kind, Recht hast du. Na, geh weiter spielen!"

Als die Enkelin weg war, drehte er sich wieder zu seinen Schülern um und vollendete seinen Satz: „Ein liebendes Herz und ein aufgeweckter Geist machen rechte Gedanken, rechtes Reden und rechtes Tun."

Die Schüler nickten diesmal zustimmend.

(Ruth Finder)

Der Umgang

Es trafen sich einmal zum Austausch die Schüler mehrerer Zaddiks aus verschiedenen Gemeinden. Und sie ließen nicht aus, die Vorzüge ihrer Rabbis im Kampf gegen dunkle Mächte hervorzuheben.

Die einen verkündeten, dass ihr Rabbi bei deren Ansturm standhaft bleibe und alles Dunkle an sich abprallen lasse.

Die anderen lobten, dass ihr Reb eine große Gleichmut besitze: Er ließe das Böse durch sich hindurch passieren und nehme dabei dem Dunklen die Kraft und mache ihn unschädlich.

Die Schüler des Schargoroder Rabbis erzählten, Rabbi Jakov ben Katz greife beherzt das Unheil selbst auf, wandle es Kraft seines weisen Herzens in Licht um und gebe so der Schöpfung die leuchtende Fülle zurück.

(Ruth Finder)

Gute Nachricht

Einmal hatte Rabbi Jakov ben Katz eine Geschäftsreise in Nikolsburg erfolgreich abgeschlossen und sich darauf in das Bethaus der dortigen Chassiden begeben, um dem Höchsten seinen Dank auszusprechen. Als er die kleine Synagoge verließ, wurde er ungewöhnlicherweise draußen von einer verzweifelten Frau angesprochen. Sie berichtete ihm, dass ihr Mann auf einer Handelsreise ins russische Zarenreich verschollen sei, und dass sie seit zwei Jahren keine Nachricht mehr von ihm habe. Das Geld war inzwischen knapp geworden und nun sei auch noch ihr dreijähriger Sohn schwer erkrankt. Es scheine fast, als würde es mit ihm zu Ende gehen – und das, obwohl sie einen Arzt gar nicht mehr bezahlen könne.

Jakov ben Katz war sehr gerührt und voller Mitgefühl. Kurz entschlossen holte er den Beutel mit Münzen heraus, der seinen Gewinn aus der Geschäftsreise enthielt, und legte ihn der Frau in die Hand. Er wehrte ihren Dank ab, gab ihr noch ein paar gute Worte und seine besten Wünsche mit auf den Weg, und machte sich selbst auf zu seinem Nachtquartier.

Am nächsten Morgen führte ihn sein erster Weg nochmals zur Synagoge, um auch für die Heimreise den Segen des Höchsten zu erbitten. Als er sich im Bethaus gesetzt hatte, wurde er leise von zwei Chassidim angesprochen. Sie erzählten ihm, dass sie ihn am Abend zuvor im Gespräch mit der Frau gesehen hätten und gaben ihrer Hoffnung Ausdruck, dass er ihr kein Geld habe zukommen lassen.

Der Rebbe berichtete daraufhin, wie er ihr die ganzen Einnahmen seiner letzten Geschäftsreise zur Linderung ihrer und ihres Sohnes Not zugesteckt habe.

Traurig kopfschüttelnd wiesen die zwei Chassidim Jakov ben Katz darauf hin, dass die Frau gar nicht verheiratet sei. Vielmehr sei sie eine stadtbekannte Betrügerin.

Da leuchteten seine Augen auf und er fragte: „Dann gibt es gar kein sterbenskrankes Kind?"

Wieder schüttelten die beiden Männer bedauernd die Köpfe.

Und mit einem freudigen Lächeln erwiderte Jakov ben Katz: „Das ist die beste Nachricht, die ich in den letzten Wochen bekommen habe."

(Clemens Satorius)

Familie

Rabbi Jakov ben Katz hatte zwei Schüler, die Umkehr anstrebten. Aber die beiden wirkten sehr unterschiedlich nach außen. Wenn ihr Lehrer sie auf die Fehler hingewiesen hatte, reagierte der Eine darauf aufmerksam, ruhig und besonnen, der Andere war sehr verunsichert und grübelte viel danach. Wenn der Rabbi den beiden eine Aufgabe auferlegt hatte, erledigte der Erste diese überlegt, beherzt und selbständig, der Zweite schaute verlegen und traute sich nicht so richtig, ehe er anfing. Wenn der Zaddik seine Schüler bei der Auslegung der Schriften hören wollte, beteiligte sich der Erstere mit kühnen Gedanken, der Zweite hielt es für vermessen und erlaubte sich nicht, mit dem Rabbi zu disputieren.

Vom Rabbi auf sein zögerliches und unscheinbares Auftreten angesprochen, fühlte er sich von seinem Lehrer verkannt und gab verdrießlich zu Antwort: „Rabbi, seht Ihr nicht, dass Demut und Ehrfurcht mich leiten, so wie Ihr uns das lehrt! Aber mein Mitschüler! Der ist doch so hochmütig und selbstsicher, als ob er nicht Euch, nicht mich noch die ganze Welt braucht!"

Der Zaddik sagte zu ihm: „So wie du dich gibst und handelst, bist du ein Stiefkind, aber der Andere hat leibliche Eltern."

„Was redet Ihr!? Ihr kennt doch meine Verwandschaft."

„Ich meinte - die Eltern im Geiste", erwiderte der Rabbi Jakov. „Falsche Demut ist wie eine böse Stiefmutter, die mit ihren Stiefkindern nie zufrieden ist - so auch mit dir. Und ständiger Angstzustand ist dein Stiefvater, der dich antreibt. Aber die wahre Demut des Anderen ist seine richtige Mutter und Vertrauen ist sein geistiger Vater!"

(Ruth Finder)

Bündel

Rabbi Jakov ben Katz führte eine Reise seit langem wieder einmal nach Nikolsburg, wo er unterwegs stets in der Herberge seines alten Freundes Rabbi Abraham Chajim Quartier nahm. Gemeinsam saßen sie an einem der rustikalen Holztische in der Gaststube und nahmen ihr Nachtmahl ein. Die Stube war zu dieser späten Stunde nicht mehr sehr gefüllt und so konnten sie nicht umhin, das Gespräch am Nebentisch mitzuverfolgen. Drei alte Männer saßen dort und wetteiferten darüber, was sie wohl aus ihrem Leben hätten machen können, wenn sie wohlhabendere Eltern gehabt hätten, eine bessere Schule besucht oder eine sanftmütigere Frau geheiratet.

Die beiden Rabbis sahen sich verschmitzt an und Rabbi Jakov sagte: „Musst du da nicht auch an die alte chassidische

Geschichte von den Hausierern denken, die mit ihrem Bündel auf dem Rücken durch die Lande ziehen und ihre Waren verkaufen? Abends treffen sie sich zum Essen und Schlafen im Dorfgasthaus und lassen ihre Bündel draußen auf dem Hof stehen. Dabei lamentiert einer immer lauter als der andere, dass sein Bündel das Schwerste und am mühsamsten zu Schleppende sei und dass sich noch kein Anderer so sehr habe abplagen müssen. Dann bricht eines Nachts in dem Gasthof ein Feuer aus. Alle Hausierer stürzen auf den Hof und…"

„…und ein jeder greift nach seinem eigenen Bündel", vollendete Rabbi Abraham laut lachend den Satz seines alten Freundes Jakov, der gleichsam in das Lachen mit einstimmte.

(Ruth Gabriel)

Züchtigungen

In der Schul des Schargoroders gab es einst eine große Diskussion, in der man keine Einigung finden konnte. Ein Schüler hatte davon berichtet, dass einer seiner Onkel auf seinen Handelsreisen im Osten auf Religionen gestoßen sei, die die Vorstellung pflegten, dass jedwedes Tun, sei es gut oder schlecht, dem Täter mit gleicher Münze zurückgezahlt werde und des Menschen wiederholter Wandel auf Erden so ganz und bis ins kleinste Detail durch seine vorangehenden Taten bestimmt sei.

Auf der einen Seite gab es Bewunderer der großen Gerechtigkeit dieses Konzeptes. Auf der anderen Seite gab es welche, die die Starre dieser Vorstellung kritisierten, da sie scheinbar keinen Raum für ein freies Wirken des Höchsten ließ.

Der Reb, der diese Gespräche mit Wohlgefallen sah, solange sie nicht zum Streit wurden, erinnerte die Schüler an die Geschichte aus der Überlieferung, in der ein Rabbi erst schuldig und dann begnadigt wurde.

Die Geschichte berichtete davon - wie der Schargoroder für die Runde zusammenfasste - wie einst ein Kalb zum Schlachten geführt wurde und, von seinem vorausahnenden Instinkt getrieben, fortlief und bei einem Rabbi mit dem Kopf unter dem Rockzipfel Schutz suchte. Doch der sagte nur zu dem Kalb, dass es gehen solle, da es ja geschaffen worden sei, um geschlachtet zu werden.

Und der Himmel entschied, dass wegen seiner Mitleidlosigkeit Züchtigungen über den Rabbi kommen sollten. So wurde der Rabbi viele Jahre hindurch von verschiedenen Krankheiten gequält.

Als dann eines Tages die Magd des Rabbis das Haus reinigte, fegte sie einige junge Wiesel aus einer Ecke mit fort, doch der

Rabbi befahl ihr, dass sie die Tiere lassen sollte und sagte dazu: „Gottes Erbarmen umfasst alle seine Geschöpfe."

Und wegen seines Erbarmens erbarmte sich der Himmel seiner und seine Schmerzensjahre endeten.

Nachdem alle das eine Weile erwogen hatten, ergriff Rabbi Jakov erneut das Wort: „Wir können zwar Hypothesen über die Art der göttlichen Gerechtigkeit aufstellen, aber die verworrenen Vorgeschichten jedweder Schuld und jedweden segensreichen Tuns können wir nicht entwirren. Dies ist nur dem Höchsten gegeben und beide Ansichten, die hier vorgetragen wurden, ließen sich für das menschliche Begreifen als Beleg und auch als Widerlegung der Überlieferung sehen. Bleiben wir also einfach bei der Annahme und Hoffnung, dass es Gerechtigkeit gibt und dass sie herbeigeführt wird. Tun wir selbst unser Möglichstes und lassen den Rest in Gottes Hand."

(Clemens Satorius)

Eine Geburt

Eine Nachbarin hatte Perle, die Frau von Rabbi Jakov ben Katz, zu Hilfe gerufen: Ihre Tochter stand kurz vor ihrer ersten Niederkunft. Nach einer Weile schaute der Rabbi dort vorbei. Sogleich hatte er Perle im Flur frische Handtücher holen sehen.

Ob es eine schwere Entbindung sei, fragte er. Und ob die Schmerzen und Angst vorm Ungewissen der Erstgebärenden die Sinne rauben würden, so dass die Geburt erschwert oder gar verzögert werde. An die Folgen möge er schon gar nicht denken.

„Oh, nein, nein", antwortete Perle frohen Gemütes. „Das Mädchen ist ganz tapfer und zugänglich: Sie macht bewusst mit und es findet statt." Und schon war sie wieder weg.

Der Rabbi seufzte erleichtert. Aber die Worte! Die Worte klangen wieder und wieder und noch mal in seinem Kopf: „Sie macht bewusst mit, es findet statt!"

Seitdem, wenn er bezüglich des Fortkommens eines seiner Schüler gefragt wurde, antwortete er öfters: „Er macht bewusst mit, es findet statt."

(Ruth Finder – in Erinnerung an Rabbi Sussja ^^)

Korken

Die Schüler des Schargoroders saßen einmal in der Schul beisammen und argumentierten hin und her, wie es mit der Strenge der Auslegung der Gebote und Verbote zu halten sei. Einige hielten dafür, dass jene, die tatsächlich schon Gottesluft atmeten, sich mit den Geboten nicht mehr so sehr herumschlagen müssten. Andere meinten, dass gerade die Anfänger besonders streng zu reglementieren seien. Manch einer war unentschieden und konnte beiden Positionen etwas abgewinnen oder war der Ansicht, Strenge oder Nachlässigkeit sollte für alle gelten.

Als schließlich ihr Rebbe erschien, hatte er ob der eifrigen Worte, die er schon im Näherkommen durch ein Fenster hatte hören können, bereits die Frage der Stunde erfasst und vom Brunnen einen vollen Wassereimer mitgebracht. Er stellte ihn vor seinem Pult auf den Boden und bat um Aufmerksamkeit. Dann griff er in seine Tasche und holte einen Korken heraus, den er in das Wasser warf.

„Schaut einmal, wie der Korken im Wasser liegt", wies er seine Schüler an. Dann fischte er den Korken heraus, fasste nochmals in seine Tasche und holte einen Hufnagel hervor. Diesen drückte er in die Unterseite des Korkens und ließ beide zusammen erneut ins Wasser gleiten. Jetzt schwamm der Korken aufrecht im Wasser, vom Gewicht des Nagels in dieser Position gehalten.

„Der Nagel steht für die Gebote und Verbote. Sie sorgen dafür, dass wir nicht haltlos im Leben treiben, sondern aufrecht und ausgerichtet auf den Höchsten zu bleiben vermögen. Was aber würde geschehen, wenn ich einen dicken Zimmermannsnagel in den Korken treiben würde?"

„Der Korken würde im Eimer untergehen", rief gleich einer der Burschen aus der ersten Reihe.

„Sehr richtig" antwortete der Rabbi. „Und wenn ich einen viel größeren Korken nehmen würde? Oder bei dem kleinen Korken nur eine Nadel?"

Da nickten die Schüler und sahen einander an. Sie hatten verstanden. Das Gewicht der Regeln, die ein Chassid zu tragen vermag und zu tragen hat, wächst in einem genauen Verhältnis zu seinen Fortschritten. Ist das Gewicht zu hoch, so kann der Schüler es nicht tragen. Ist es zu leicht, so gibt es ihm keine Haltung und Ausrichtung.

„Und das optimale, persönliche Gewicht wird vom jeweiligen Korken gar nicht als Beschwernis empfunden. Leid entsteht nur durch Haltlosigkeit oder Übergewicht", schloss der Zaddik seine anschauliche Belehrung.

(Clemens Satorius)

Kommentar Clemens Satorius:

In einem späteren Gespräch zu dem Thema fügte der Rabbi hinzu: „Einem verwirrten Schüler mit Widerstand gegen Disziplin mag seine Haltlosigkeit wie Übergewicht erscheinen. Einem verwirrten Schüler mit überschwänglichem Hang zur Disziplinierung mag sein Übergewicht wie Haltlosigkeit erscheinen."

Der Lohn

Unter den Chassidim in Schargorod gab es immer mal wieder welche, die vom Zweifel angefeindet wurden. Sie schauten auf die Welt und darauf, was für ein schwieriges, armes und bedrohtes Leben sie selbst und die Jehudim um sie herum führten.

„Wie kann es angehen, dass dem auserwählten Volk des Höchsten so wenig Lohn wird? Worin zeigt sich die Zuwendung Gottes?"

Und der Rebbe von Schargorod erzählte ihnen dann - um ihnen die Augen zu öffnen - die Geschichte von dem Waisenknaben, den ein Hausherr bei sich aufgezogen hatte. Der Knabe nährte sich von Speis und Trank des Hausherrn, trug seine Kleidung, saß an seinem Tisch und lernte unter seinem Dache ein Gewerbe. Und allezeit drückte den Knaben die Befürchtung: „All mein Verzehr, meine Kleidung, meine Unterkunft - einst wird der Hausherr mir eine Rechnung machen. Und wovon soll ich sie bezahlen?"

Dem Hausherrn war jedoch die innere Not des Waisenkindes gewahr geworden, und so nahm er ihn eines Tages nach dem gewerblichen Tun beiseite und sagte ihm: „Alles was du issest und trinkest in meinem Hause, wo du schläfst und wie du dich gewandest, wird dir als Folge deines Dienstes an mir und meinem Eigentum. Als du klein warst, war dieser Dienst klein. Jetzt, wo du erwächst, wird dein Dienst ein größerer. Eines speist und ergibt sich aus dem anderen. Dein Lohn aber bleibt dir für die

Zukunft aufbewahrt. Und dein Lohn wird sein, die Rechnung, die ich dir machen werde."

(Clemens Satorius)

Yaron und Kenan II

Yaron und Kenan gingen auf einem kleinen Pfad, der sich an einer Obstwiese entlangschlängelte, spazieren, und wie so oft entwickelte sich zwischen den beiden ein spielerisches Gespräch, von dem sie häufig nicht wussten, wohin es sie führte.

Yaron konzentrierte sich und begann das Gespräch mit einer nicht ganz ernst gemeinten gespreizten Stimme: „Erinnerungen, gesunken in die Tiefen des Schlafes, unbesehen, aber dennoch lenkend. Erneut ins Bewusstsein getrieben. Verbinden sich mit dem Ich im Jetzt. Verändert sinken sie erneut hinab, abermals lenkend. Im Guten als auch im Schlechten. Was sind Erinnerungen?"

Kenan zuckte nur mit den Schultern, überlegte und nach einiger Zeit antwortete er mit ebenso übertriebener Stimme: „Hoffnung und Angst, die Zukunft vor sich her schiebend, ungeschehen, aber dennoch lenkend. Herabfallend auf das Ich im Jetzt, erneut aufsteigend, erneut herabfallend. Im Guten als auch im Schlechten. Was ist Hoffnung, was ist Angst?"

Nun war es Yaron, der die Augen leicht verdrehte. Mit erhobenem Zeigefinger, einem gewinnenden Lächeln und verstellter dunkler Stimme, die ein bisschen an ihren Rabbi erinnern sollte, sagte er: „Gegenwärtigkeit, keine bewegende Erinnerung, keine bewegende Hoffnung, keine bewegende Angst. Nicht im Guten und nicht im Schlechten. Sehend und lenkend. Vollkommen und frei, obwohl es nicht meine Augen sind, die sehen und nicht meine Hände, die lenken."

Kenan zu Yaron: „Glaubst Du eigentlich, wir verstehen überhaupt, was wir hier reden?"

Yaron: „Ich kann mich nicht mehr genau erinnern? Was glaubst du denn?"

Lachend ließen sich beide ins Gras fallen und verbrachten den Rest ihrer Pause damit, den Wolken zuzusehen, wie sie am Himmel vorbeizogen.

(Simon Steiner)

Wertschätzung

Zwei dem Schargoroder Zaddik sehr nahestehende Schüler gerieten einst in einen Zwist. Zuletzt gingen sie sogar so weit, dass sie gegenseitig anklingen ließen, dass der Rabbi jedem Einzelnen versichert habe, dass er gerade ihn persönlich am meisten schätzen würde. Da waren beide plötzlich sehr peinlich berührt und sie begannen sogar, an ihrem Rabbi zu zweifeln. Der Inhalt ihres Streites war aber schon gegenstandslos geworden.

Als sie das nächste Mal mit den anderen Schülern zusammen im Bethause waren, sah Jakov ben Katz die düsteren Wolken über ihren Häuptern, und als abends nach der Versammlung alle nach Hause gehen wollten, trat er zu seinen beiden Schülern und sprach: „Kommt ihr zwei, bleiben wir noch auf ein Wort. Ich sehe die Verfinsterung eurer Gemüter und bitte euch, mir ohne Umschweife zu berichten."

Beide Schüler hatten schon vor Zeiten gelernt, dass Empfindlichkeiten und Peinlichkeiten manchmal überwunden werden müssen, um Klarheit zu erlangen. Trotzdem fiel es ihnen zuerst nicht leicht, mit der Sprache herauszurücken. Dann aber berichteten sie alles und auch, dass sie sich unangenehm berührt davon fühlten, dass ihr Rabbi offensichtlich nicht ganz ehrlich mit der Vergabe seiner Wertschätzung sei.

Als Jakov ben Katz den Bericht vernommen hatte, nickte er bedächtig. Dann sagte er: „Auf den ersten Blick erscheint es gewiss unsinnig, wenn ich einmal sage, Hühnersuppe sei mir am liebsten - und ein andermal, Zwiebelsuppe sei meine Lieblingssuppe. Schauen wir aber in die Überlieferung. Die Mischna berichtet von zwei großen Schülern des Rabbi Jochanan ben Sakai. Nämlich von Rabbi Elieser ben Harkanus und von Rabbi Elieser ben Aroch.

Sie sagt bezüglich der beiden: ‚Stünden alle weisen Männer Israels einschließlich Elieser ben Aroch auf der einen Waagschale und Elieser ben Harkanus auf der anderen, würde er sie alle aufwiegen. Stünden alle weisen Männer Israels einschließlich Elieser ben Harkanus auf der einen Waagschale und Elieser ben Aroch auf der anderen, würde er sie alle aufwiegen.' Wie kann das sein?“

Die Schüler schauten einander ratlos an.

„Die Erklärung ist einfach“, fuhr Jakov ben Katz fort. „Rabbi Elieser ben Harkanus und Rabbi Elieser ben Aroch sind in verschiedenen Bereichen herausragend gewesen. Ben Harkanus verfügte über beinahe unbeschränktes Wissen. Er konnte Wissen leicht in sich aufnehmen, es dauerhaft speichern, es ohne Schwierigkeit abrufen und er konnte sein schon vorhandenes Wissen lebenslang ergänzen. Darin war er einzigartig. Ben Aroch hingegen war ein inspirierter Quell der Weisheit, der lebenslang immer stärker und stärker sprudelte und nie versiegte. Darin lag seine Einzigartigkeit.

Im spirituellen Bereich konkurrieren die Dinge nicht und können frei nebeneinander stehen. So ist es möglich, Menschen aufgrund bestimmter Eigenschaften ‚am meisten' zu schätzen. Auch mehrere Menschen. Genauso ist es für mich bei euch.

Und wenn wir jetzt wieder auf die Hühner- und die Zwiebelsuppe schauen, dann erkennen wir, dass man es fast nahtlos sogar auf die Suppen übertragen kann, oder?"

(Clemens Satorius)

Bedeutung

Wieder einmal war Rabbi Jakov ben Katz auf Reisen. Er war eingeladen worden, in Nikolsburg zu einem Thema zu sprechen, und nächtigte, wie immer, außerhalb in der Herberge von Rabbi Abraham Chajim.

Als er nach seinem Vortrag den Weg in die Herberge antreten wollte, fragte ihn einer der Zuhörer, ob er ihn dorthin begleiten könne, da er gerne mit ihm noch etwas plaudern wolle. Der Rabbi willigte ein und so machten sie sich auf den Weg und plauderten über dies und das. Rabbi Jakov bemerkte innerlich schmunzelnd, dass sein Begleiter etwas auf dem Herzen hatte, mit dem er sich anscheinend schwer tat, es anzusprechen. Um ihm Gelegenheit zu geben, seinen Mut zu sammeln, lud er ihn ein, mit ihm in der Herberge eine Kleinigkeit zu sich zu nehmen. Der Begleiter willigte ein und sie betraten den Wirtschaftsraum, der zu dieser Stunde recht gefüllt war. An fast allen Tischen saßen Gäste, die sich entweder ihr Mahl bereits schmecken ließen oder die lautstark nach Jechiel, der Bedienung, riefen, um ihre Bestellung aufgeben zu können. Jechiel war seit etlichen Jahren als dienstbarer Geist in der Herberge von Rabbi Abraham und begegnete solchem Tumult mit stoischer Ruhe. Unterstützung erhielt er seit kurzem von einem jungen Mann,

179

der mit einem unsicheren Gesichtsausdruck von Tisch zu Tisch hetzte, Bestellungen aufnahm und den Gästen das Essen sowie die Getränke brachte.

Rabbi Abraham lotste Jakov und seinen Begleiter an einen kleinen, abseits stehenden Tisch, an dem sie den lautstarken Gesprächen der anderen Gäste ein wenig entkommen konnten, und nahm ihre Wünsche entgegen. Nachdem sie beide von dem kühlen Wasser, das ihnen gebracht wurde, getrunken hatten, schaute Rabbi Jakov seinen Gast an und fragte ihn, was er denn auf dem Herzen habe. Dieser fing an zu sprechen: „Ach Rabbi Jakov, viele viele Jahre habe ich die Thora gelesen und studiert, bin komplizierten Fragestellungen nachgegangen und bin in entfernteste Bereiche vorgedrungen. Doch dies alles in der Abgeschiedenheit des Studierzimmers. Nun hat mein Rebbe mir aufgetragen, ich solle meinen Dienst am Nächsten verrichten, indem ich mich innerhalb der Gemeinde um die Alten und Kranken kümmere, sie Zuhause aufsuche und ihnen Trost spende. Das allein ist schwer genug, doch unendlich viel schwerer ist es, den Familien der Alten und Kranken zu begegnen. Ständig beobachten sie mich argwöhnisch, belauern, was ich tue, kritisieren, was ich spreche. Kurzum, ich bin voller Unsicherheit ob meines Verhaltens und weiß nicht, wie ich das ändern soll. Meine Frage an euch ist deshalb, womit werde ich diese furchtbare Unsicherheit los?"

In diesem Augenblick gab es ein entsetzliches Scheppern und Klirren. Großes Geschrei setzte ein. Rabbi Jakov und sein Begleiter sahen den jungen Mann mit hochrotem Gesicht das ihm vom Tablett gefallene Essen samt der Scherben von Gläsern und Krug eilig zusammenfegen. Die betroffenen Gäste, um deren Essen es sich handelte, gaben lautstark ihrem Unmut Ausdruck, was dem jungen Mann die Tränen in die Augen trieb. Schnell verschwand er in der Küche, um neues Essen zu holen.

Rabbi Jakov lächelte mitfühlend seinen Begleiter an und sagte: „Schau dir unseren jungen Freund hier an. Er hat offensichtlich ebenfalls mit Unsicherheit und großem Unbehagen zu tun. Das aber hat keine Bedeutung. Er geht den Weg einfach weiter, Schritt für Schritt. Er lernt und wächst gerade dadurch, dass er tut und daraus lernt und dann neu tut. Und so ist es bei jedem von uns. DAS ist, was Bedeutung hat."

(Ruth Gabriel)

Elternlos

Wenn Sorgen und Mitgefühl für die Seinigen den Rabbi Jakov ben Katz übermannten, sagte er tief traurig: „Arme Leute! Denn sie sind Vollweisen."

Danach gefragt, antwortete er: „Der edle Wunsch ist der Vater des erhabenen Gedanken und die rechte Tat ist die Mutter des Fortschritts. Aber bei dem, was sich die Menschen wünschen, was sie denken und was sie tun, werden sie bestenfalls lieblos stiefväterlich und stiefmütterlich behandelt."

(Ruth Finder)

Äußerlichkeit

In seinen jüngeren Jahren war Jakov ben Katz häufiger auf Reisen - teils in geschäftlichen Angelegenheiten und teils, um bekannte Zaddikim zu besuchen.

Auf einer dieser Reisen nun kam er einst durch Lemberg, wo es eine große jüdische Gemeinde gab. Bei seiner abendlichen

Ankunft stellte er fest, dass es in den Herbergen keinen Platz mehr gab, und so wandte er sich mit der Bitte um Hilfe an mehrere Gemeindevorsteher verschiedener Synagogen. Sie schickten ihn alle fort.

In einem kleinen chassidischen Bethaus, wohin er sich in seiner Not geflüchtet hatte, traf er einen armen Chassiden, der ihn sofort zu sich nach Hause einlud, als er von seiner Misere erfuhr. Dort, im Kreise der kleinen Familie seines Gastgebers, nahm er sein Abendmahl ein und schlief schließlich auf einem Lager, das man ihm auf dem Küchenboden beim Herd zurechtgemacht hatte. Dankbar verabschiedete er sich am nächsten Morgen und besuchte von da an bei jeder Durchreise seinen Gastgeber von einst und brachte neben kleinen Mitbringseln auch immer erbauliche Unterhaltung in die einfache Hütte.

Als der Reb später selbst schon ein überall bekannter Zaddik war, hatte er bei den Lemberger Chassidim einen Besuch zu machen. Er reiste mit einem Gefolge von einigen seiner Schüler an und trug dabei auch Kleidung, die seinen Rang als Seelsorger seiner Gemeinde auswies. Kaum in Lemberg eingetroffen, sandten einige Gemeindevorsteher Dienstmänner zu Jakov ben Katz, um ihm Unterkunft anzubieten. Unter ihnen auch einer, der im Auftrage eines Vorstehers kam, der dem Reb vor Jahren die Tür gewiesen hatte. Zu diesem schickte Jakov ben Katz zur Unterbringung seine Begleiter, die auch seinen Mantel und seinen Hut mitnahmen.

Er selbst ging zu seinem alten Freund und bat dort um Unterkunft. Abends bei Tisch erzählte er ihm, dass er jenem Gemeindevorsteher, der ihn diesmal eingeladen habe und der ihn früher nicht hatte unterbringen wollen, heute all das zur Versorgung und Unterbringung geschickt habe, was zwischen damals und heute der Unterschied gewesen sei - nämlich eben Hut und Mantel und sein Gefolge.

In der Tischgesellschaft entstand daraufhin große Heiterkeit.
(Clemens Satorius)

Kork und Flöte

Einst entbrannte in der Schul eine hitzige Diskussion darüber, was der richtige Weg zu Gott sei.

Nachum, ein sehr ernsthafter und ehrgeiziger Schüler, meinte, dass angestrengtes Lernen mit festem Blick auf das Ziel hin der richtige Weg sei. Wohingegen Seckel, der gerne einmal seine Pflichten zugunsten von Disputen vernachlässigte, der Meinung war, dass der richtige Weg zu Gott über den wendigen Umgang mit den Schriften führe.

So fragten sie nach Rabbi Jakovs Dafürhalten.

Der Rebbe nahm daraufhin einen Korken mit einem Nagel darin aus seiner Jacke, hieß einen Schüler einen Eimer mit Wasser holen, legte den Korken auf das Wasser und sagte: „Stellt euch vor, der Mensch ist der Korken auf der Lebensreise. Der Nagel darin steht für den göttlichen Teil in ihm, unser höheres Selbst. Wenn ich nun mit meinem Magneten Gott spiele", - er schaute verschmitzt in die Runde - „wird sich der Korken sanft in die Richtung bewegen, in der ich nun stehe. Was aber, wenn ich nun noch mehrere Korken in den Eimer setzte?"

Nachdenkliches Schweigen bei den Schülern.

„Sie werden sich zwar alle auf denselben Punkt zubewegen, aber jeder hat seinen eigenen Weg dorthin", antwortete schließlich leise mit roten Ohren ein Schüler namens Simcha.

Jakov nickte ihm anerkennend zu. „Aber wenn jeder seinen eigenen Weg hat, wie können wir sicher sein, dass wir nicht doch in die Irre gehen?" fragte der kleine Schneur.

„Eine sehr gute Frage", stellte Rabbi Jakov fest, zog aus seiner Jackentasche eine Flöte und fing an, darauf zu spielen. Wie von Flöhen gebissen zuckte die Schar der Schüler zusammen und hielt sich die Ohren zu. Aus der Flöte kam statt einer Melodie nur ein furchtbares, schrilles Gepiepse.

Der Reb reichte sie an Schneur, von dem er wusste, dass dieser ein sehr begabter Flötenspieler war, und bat ihn darum, eine bestimmte Melodie darauf zu spielen.

Doch wiederum kamen nur entsetzliche Laute aus dem kleinen Instrument.

Der Rabbi grinste. „Die Melodie in uns ist immer göttlich und wunderschön. Doch kann sie nur auf einem unversehrten und wohlbehaltenen Instrument angemessen gespielt werden. Wenn wir also auf unserem Weg immer mehr in der Lage sind, diese Melodie auch ausdrücken zu können, dann müssen wir keine Angst davor haben, dass wir in die Irre gehen", sprach's und blies zur Erheiterung aller Schüler noch einmal in das kaputte Instrument.

(Ruth Gabriel)

Schein und Sein

Einmal trafen auf der Straße Schüler des Rabbi Jakov ben Katz und eines Rabbi der Mitnagdim, die bekanntlich heftige Gegner der Chassidim waren, aufeinander. Die Mitnagdim waren talmudisch geschult und duldeten keine Nachlässigkeit bei der Erfüllung der Gebote, was bei den Chassidim aufgrund ihrer Lebensbejahung und Spontanität schon mal vorkommen konnte.

Die gegnerische Seite hatte die Schargoroder Schüler laut bedrängt und fing an, ihren eigenen Rabbi zu preisen: Was für ein großer Talmudkenner er sei. Wie würdevoll und auf seine Erscheinung achtend er aufträte - seine Kleidung, seine Gesten, seine Gelehrsamkeit würden ihn von den Gewöhnlichen und Gemeinen abheben. Für Rabbi Jakov ben Katz hatten sie nur Spott übrig, denn ihn bemerke man gar nicht, wenn er sich unter den Leuten befände.

Rabbi Jakovs Schüler ließen sich nicht verunsichern und antworteten, dass ihr Rabbi bestrebt sei, nicht so sehr verschieden von anderen Leuten zu ERSCHEINEN, sondern verschieden zu SEIN. Und das lege er auch seinen Chassidim nahe.

In das Lehrhaus kommend, erzählten die Schüler dem Reb diese Begebenheit. Rabbi Jakov ben Katz schaute seine Schüler sichtlich erheitert an und ahmte einen seiner Gegner nach. Und dann lachten sie und tanzten zusammen.

(Ruth Finder)

Kommentar Clemens Satorius:

Sein und Schein

Einmal trafen auf der Straße einige der engsten Schüler des Rabbi Jakov ben Katz und eines Rabbi der Mitnagdim, die bekanntlich heftige Gegner der Chassidim waren, aufeinander. Die Mitnagdim waren talmudisch geschult und duldeten keine Nachlässigkeit bei der Erfüllung der Gebote, was bei den Chassidim aufgrund ihrer Lebensbejahung und Spontanität schon mal vorkommen konnte.

Die gegnerische Seite hatte die Schargoroder Schüler laut bedrängt und fing an, ihren eigenen Rabbi zu preisen: Was für ein großer Talmudkenner er sei. Wie würdevoll und auf seine Erscheinung achtend er aufträte - seine Kleidung, seine Gesten, seine Gelehrsamkeit würden ihn von den Gewöhnlichen und

Gemeinen abheben. Für Rabbi Jakov ben Katz hatten sie nur Spott übrig, denn ihn bemerke man gar nicht, wenn er sich unter den Leuten befände.

Rabbi Jakovs Schüler ließen sich nicht verunsichern und antworteten, dass ihr Rabbi bestrebt sei, nicht so sehr verschieden von anderen Leuten zu ERSCHEINEN, sondern verschieden zu SEIN. Und das lege er auch seinen Chassidim nahe.

In das Lehrhaus kommend, erzählten die Schüler dem Reb diese Begebenheit. Rabbi Jakov ben Katz schaute seine Schüler sichtlich erheitert an und ahmte einen seiner Gegner nach. Sie lächelten einander an. Dann begannen die Schüler und ihr Reb sich zu drehen und wuchsen dabei bis fast zu den Deckenbalken. Gewaltige, lodernde Flammen flackerten, wo vorher ihre Haare und Bärte gewesen waren und sie sangen mit donnernden Stimmen ein Loblied auf den Herrn.

Draußen blieb es mucksmäuschenstill und dunkel.

Der Segen

Eine benachbarte chassidische Gemeinde blieb nach dem Tode des dortigen Rabbi einstweilen führungslos. Da die Leute um den guten Ruf des jungen Rabbi Jakov ben Katz von Schargorod wussten, hatten sie ihn inbrünstig gebeten, dass er auch in ihrem Städtchen Gebet und Segenssprüche, zumindest gelegentlich, übernehme.

Der Rabbi - obwohl schon mit vielen Aufgaben betraut - konnte die Bitte der Leute nicht ausschlagen. Mehrmals kam er zu ihnen und spendete Trost, gab Rat, hörte ihnen zu. Schon beim ersten Mal hatte er einen alten Chassiden bemerkt, der still in der Ecke des Bethauses saß, und dessen inniges und vertrauensvolles Gebet bis in das Herz des Rabbi vordrang. Jakov ben Katz hatte sich auch mit diesem Mann einmal unterhalten: Der junge Rabbi war nach diesem Gespräch ein anderer.

Eines Tages nach der Morgenmesse verkündete der Rabbi, dass er, wie sehr es ihm auch Leid täte, wegen seiner zahlreichen Verpflichtungen in Schargorod nicht mehr weiter kommen konnte. Die Leute aber liefen ihm, die Hände über den Köpfen zusammenschlagend und sich in Wehklagen ergehend, nach und wollten ihn nicht gehen sehen. Denn wer würde dann für sie Fürsprache zu Gott halten und ihnen Hilfe und Segen erteilen?

Der Schargoroder sah die Gemeindemitglieder an - nur einer unter ihnen fehlte. Da sagte der Rabbi: „Geht in eurer Bethaus. Dort findet ihr einen, von dem ein einziger Segen mehr bedeutet als viele von den meinen."

Die Leute blickten sich um und einer sagte: „Du meinst den alten Baruch? Aber warum soll einer seiner Segen so viel bedeuten?"

„Weil er durch größtmögliche Leiden gegangen ist und Glauben und Vertrauen nicht verloren hat. Er hat die Hölle der Pogrome vor vielen Jahren überlebt und findet sich immer noch täglich im Hause des Höchsten ein", antwortete Jakov ben Katz.

(Ruth Finder)

Der entfernte Rabbi

Auf seinen Reisen kam Jakov ben Katz einmal durstig an einem abgelegenen Brunnen vorbei. Leider war der Wasserstand recht tief und einen angeseilten Eimer suchte der Schargoroder vergeblich. So nahm er schließlich seinen Schal ab, ließ ein Ende ins Wasser hinab, zog ihn wieder heraus und drückte den nassen Stoff über seinem Munde aus.

Eben wollte er zum zweiten Male so verfahren, als ein ärmlich gekleideter Jude mit einer Trage voll Brennholz auf seinem Rücken an dem Brunnen vorbeikam. Dieser sprach, zu ihm tretend, Jakov ben Katz frohen Auges an: „Werter Herr, warum trinkt Ihr denn auf diese Weise? Warum befehlt Ihr dem Wasser nicht einfach, zu Euch heraufzusteigen?"

Dann beugte er sich über den Brunnenrand und sprach zu dem Wasser: „Steig, im Namen meines Rebben, der ein Diener des Höchsten ist!"

Und sogleich stieg der Wasserspiegel bis knapp unter den Brunnenrand, so dass sowohl Rabbi Jakov, als auch der schwer tragende Jude mit der hohlen Hand ein paar wohltuende Schlucke schöpfen konnten.

„Wer bist du?", fragte Jakov ben Katz erfrischt den Mann neben sich, der endlich seine schwere Trage abstellte.

„Ich bemühe mich, ein Diener meines fernen Rebben zu sein, von dem ich schon viel gehört habe, den zu treffen ich aber bisher noch nicht das Glück hatte", antwortete der.

„Und wie vollbringst du solche Wunder?"

„In tiefem Glauben und Vertrauen zu meinem Rebbe Jakov ben Katz von Schargorod."

Jakov ben Katz erwiderte: „Den kenne ich wohl. Der bemüht sich nach Kräften, ein demütiger Diener des Höchsten zu sein."

Dann gab er dem Trageknecht zu bedenken, dass sich seiner Ansicht nach ein Rabbi niemals zwischen Gott und seine Schüler stelle, und dass er sich auch von ihnen gewiss nicht zwischen Gott und sie gestellt sehen möge: „Aller Segen geht aus vom Höchsten, alles Vertrauen und aller Dank gebühren nur ihm. Außerdem werden Wunderkräfte meiner Meinung nach einzig benutzt, wenn es keine andere Möglichkeit gibt, und zudem nur, wenn es in den göttlichen Plan passt."

Zuletzt drückte er dem Juden noch zwei Goldstücke aus seinem Beutel in die Hand, auf dass er in zwei Monaten zu seinem unbekannten Rabbi nach Schargorod fahren könne und solle. Dann wolle auch er selbst sich dort einfinden und man könne ein fröhliches Wiedersehen feiern.

Erstaunt, dankbar und auch recht nachdenklich ob des Gehörten verabschiedete der Brennholzträger sich, schulterte seine Last und zog gemächlich davon.

Kaum war er um eine Wegbiegung verschwunden, trat Jakov ben Katz, sich umblickend, erneut an den Brunnen und sprach zu dem Wasser: „Im Namen des Höchsten, sinke wieder auf deinen natürlichen Stand."

Und das tat es unverzüglich.

(Clemens Satorius)

Prüfung

Zwei Schüler des Rabbi Jakov ben Katz mussten eine seiner Prüfungen durchlaufen. Nach der letzten Aufgabe verkündete der Rabbi dann, dass ab jetzt einer von den beiden die Thorarolle zum täglichen Lesen in die Schul tragen darf. Der andere Schüler fragte unangenehm berührt, wieso er benachteiligt werde – habe er doch nichts anderes gemacht als sein Mitschüler. Der Rabbi antwortete: „Auch wenn man das Gleiche tut, ist das noch lange nicht dasselbe: Sonne und Mond leuchten beide, aber nur die eine brennt."

(Ruth Finder)

Freude und Dankbarkeit

Auf einer Geschäftsreise nach Nikolsburg nächtigte Rabbi Jakov ben Katz in der Herberge von Rabbi Abraham Chajim, wie er es möglichst immer tat, wenn er in der Gegend unterwegs war. Diesmal war er recht spät eingetroffen und nachdem er im Wirtschaftsraum sein Abendmahl eingenommen hatte, wurde auch schon der Ausschank wegen der vorgerückten Stunde eingestellt. Die einwohnenden Gäste zogen sich in ihre Quartiere zurück. Andere Gäste verließen das Lokal. Und danach wurden die Haus- und Hoftüren für die Nacht verriegelt.

Die beiden Rabbis Jakov ben Katz und Abraham Chajim setzten sich noch gemeinsam an einen der Tische. Während sie Neuigkeiten austauschten, hörten sie in der Küche gedämpft eine aufgeregte Stimme. Fragend blickte der Schargoroder den Schankwirt an.

Der sagte: „Ich habe zwei Hilfsknechte, die abends als Letztes die Küche reinigen und für den nächsten Tag vorbereiten. Der eine ist ein junger Chassid, den ich bei mir zur Lehre aufgenommen habe. Der andere ein alter Jude, der schon hier arbeitete, bevor ich die Herberge übernahm. Einer von beiden muss abends die Herde und Öfen reinigen und Brennholz für den nächsten Tag bereitlegen. Der andere säubert den Boden, indem er ausfegt und wischt. Der alte Jude ist wegen seines Dienstalters derjenige, der entscheiden kann, welches von beidem er machen will. Und zuverlässig entscheidet er sich spätestens nach einer Woche anders, weil er den Eindruck gewinnt, die Arbeit des Anderen sei leichter. Das macht er schon so lange ich die Herberge führe und davor wird er es auch gemacht haben, wenn es möglich war."

„Aber kannst du nicht Frieden schaffen, indem du beiden ihren Teil zuweist?" fragte Rabbi Jakov.

„Gewiss könnte ich das, aber mein junger Schüler ist schon der vierte in meinen Jahren hier, der in dieser Situation einige wichtige Lehren lernen kann, und bei dem Alten hoffe ich auch immer noch, dass er eines Tages etwas lernt, obwohl es nach all den Jahren nicht mehr sehr wahrscheinlich ist. Er ärgert sich dort in der Küche ja eigentlich immer über sich selbst, wenn er so schimpft. Schließlich weiß er, dass er es selbst ist, der sich seine jeweilige Aufgabe aussucht. Trotzdem ist das unbegründete Gefühl, er habe stets den schwereren Teil, nicht aus seinem Herzen zu bekommen. Anfangs habe ich natürlich auch versucht, ihn mit Worten zu überzeugen, aber sein fälschlicher Eindruck ist scheinbar übermächtig."

„Und welches sind die Lehren, die deine Schüler bei der Küchenarbeit lernen?" wollte Rabbi Jakov nun wissen, obwohl der das Lehrsystem seines Freundes schon mit Bewunderung und Anerkennung durchschaut hatte.

„Das erste ist", erläuterte Abraham Chajim lächelnd, „dass sie lernen, dass man in manchen Situationen mit klaren Worten und guten Argumenten nicht weiterkommt. Dann, unbegründete Schmähungen auszuhalten, ohne selbst zornig zu werden. Dann lernen sie, dass es weniger darauf ankommt was sie tun, als wie sie es tun. Und zuletzt kommen sie dahin, dass sie das Ganze noch mit Freude und Dankbarkeit erfüllt und sie bei ihrer Arbeit innerlich immerwährend den Lobpreis Gottes singen", vollendete Jakov ben Katz nickend den Satz.

Und dann sprangen beide laut lachend auf, sangen einen Lobpreis und tanzten dazu, dass die Stühle im Schankraum nur so umherpurzelten.

(Clemens Satorius)

Als Adler geboren

Rabbi Jakov ben Katz von Schargorod hielt neben der von ihm geleiteten Schul ein paar Hühner. Am Rand des nahen Waldes fiel in einer stürmischen Nacht ein Baum um, in dessen Krone ein Adlerpaar ein Nest gebaut hatte. Rabbi Jakov, der nächtens betend auf einer Bank gesessen hatte, ging mit seiner Lampe hinaus und fand den Baum mit dem zerschmetterten Horst. Mitten unter den Trümmern lag ein Adlerei, das noch unzerbrochen war. Er nahm es in seine Hand, barg es unter seinem Umhang und brachte es zu seinem Hühnerstall. Dort legte er es zu einem Huhn ins Nest, welches dabei war, seine Eier auszubrüten.

Als das Adlerei zusammen mit den Hühnereiern ausgebrütet war, bemühte der Rabbi sich darum, das Küken im Nest großzuziehen, denn entgegen seinen Geschwistern begann es nicht kurz nach dem Schlüpfen herumzulaufen. Er fütterte den kleinen Adler mit Würmern und ließ ihn aber ansonsten im Stall bei den Hühnern. Sobald der Adler selbst auf seinen Füßen stehen konnte, hob er unbeholfen an, mit den anderen Hühnern im Garten zu scharren und zu picken. Nach und nach lernte er alles von den Hühnern, was sie zu lehren hatten, denn er hielt sich selbst für ein Huhn und verhielt sich in allem wie sie.

Unter den Chassidim erlangte der Vogel des Rabbi Jakov schnell einige Berühmtheit und gerne gingen jene, die in der Schul des Reb ihre Gebete verrichtet hatten, anschließend auf den Hühnerhof, um den Adler zu sehen, der glaubte, ein Huhn zu sein. Er gackerte so gut er es vermochte und scharrte im Boden nach Würmern. Wenn ein paar Handvoll Körner verstreut wurden, lief der Adler mit den anderen Hühnern eilig herbei und wenn er erschreckt wurde, flatterte er wie die anderen Tiere höchstens mal ein paar Meter.

Menschen, die den Vogel zum ersten Mal sahen, setzte Rabbi Jakov ben Katz immer wieder gerne auseinander, wie es sich mit ihm verhielt: „Seht, das Tier ist scheinbar mit alldem einigermaßen zufrieden. Sicher könnte es immer etwas mehr zu fressen geben, oder der Winter ist gar lang und kalt, aber seiner wahren Natur wird sich der Adler nicht bewusst. Wenn hin und wieder einmal ein anderer Adler hoch oben vorbeifliegt, in all seiner Freiheit und Majestät, flieht unser Adler sogar zusammen mit den Hühnern in den Hühnerstall. Er fürchtet sich vor dem, der ihn eigentlich erwecken könnte. Höchstwahrscheinlich wird der Adler - obwohl als solcher geboren - eines Tages als Huhn sterben. Genauso ist es im Grunde mit den Menschen.“

(Clemens Satorius)

Geben

Ein junger Chassid war den weiten Weg nach Schargorod gekommen, weil er viel von der Weisheit des Rebben der dortigen Schule gehört hatte. Er war aber innerlich zuletzt unsicher geworden, ob er wirklich im Bethaus vorsprechen sollte. Daher hielt er sich zunächst in der Nähe desselben auf und wartete, ob nicht ein Chassid vorbeikommen würde.

Schließlich kam tatsächlich einer eilig die Dorfstraße herunter und diesen sprach er sogleich an: „Verzeiht Bruder, ich bin hier, weil ich zu eurem Rebben möchte, aber sagt bitte, was meint Ihr, was er seinen Schülern geben kann?“

Der Chassid nickte bedächtig und antwortete dann: „Junger Freund, er wird Euch sicher nichts geben können, was Ihr nicht ohnehin schon habt, aber vielleicht kann er Euch einiges nehmen, das dem im Wege steht.“ Dann eilte er weiter.

Der junge Chassid besann sich noch eine Weile ob der Antwort. Seine Bedenken waren seltsamerweise völlig verschwunden, und so machte er sich auf zum Besuch des Bethauses. Nachdem er sich beim Torwächter vorgestellt und sein Anliegen bekundet hatte, betrat er den Gemeindesaal, wo der Rebbe schon vor den Schülern stand und sie belehrte. Es war der Chassid, den er auf der Straße angesprochen hatte. Ein guter Anfang, erkannte er.

(Clemens Satorius)

Kampf

In der Stadt Schargorod, in welcher Rabbi Jakov ben Katz seit Jahren lehrte, lebte ein Thorakenner. Er war anderer Ansichten als der Rabbi und stritt sich mit ihm bei jeder Gelegenheit. Rabbi Jakov blieb dabei stets ruhig und war auf Verständigung und Versöhnung bedacht. Der Mann hatte aber in seiner Unzulänglichkeit keinen Halt mehr: Er setzte dem Rabbi gar so sehr zu, dass der Rabbi wegen der Verleumdungen seitens dieses Mannes auf unbestimmte Zeit ins Exil gehen musste.

Einige Schüler des Rabbi haben ihn in der Fremde besucht. Sie dachten, ihr Lehrer würde sich – auf den Verleumder angesprochen – aufregen, aber Jakov ben Katz wirkte ruhig und gelassen. Das verunsicherte die Besucher: hat doch der Bösewicht ihrem geliebten Rabbi viel Leid zugefügt. Als der Schargoroder sie auch noch fragte, wie es denn dem unglücklichen Verlierer geht, haben die Schüler angefangen, sich große Sorgen um ihren Lehrer zu machen: Ob die Mühsal des Exils des Rabbis Verstand ein wenig eingetrübt hatte – denn hatte nicht der Andere den Kampf zwischen den beiden für sich entschieden?

„Nicht doch!", sagte der Reb. „In Wirklichkeit gibt es nur einen einzigen Kampf – den mit unseren eigenen Schwächen, bei dem man verlieren oder gewinnen kann."
(Ruth Finder)

Zwei Häuser

Wenn es um Zusammenwirkung der Seelen ging, pflegte Rabbi Jakov ben Katz folgende Geschichte zu erzählen: „Ein Chassid, der einem Bethaus vorstand, wollte ein neues bauen. Er erklärte den Gemeindemitgliedern, dass es groß und hell sein sollte. Die Leute waren begeistert und fingen mit großer Freude an, das Gotteshaus zu errichten. Der Vorsteher ließ sie alleine arbeiten, blieb der Baustelle meistens fern und brachte stattdessen immer weitere Vorschläge zum Außen- und Innenausbau des Hauses: Es möge aus edlem Holz sein, viele Gebetspulte haben und so manches mehr.

Als das Bethaus fertiggestellt wurde, war es anders groß und anders hell, als es sich der Vorsteher gedacht hatte. Auch das Holz war nicht so edel – dafür aber aus dem nahe gelegenen Wäldchen. Und an der Anzahl der Gebetspulte hatte der Bethausvorsteher auch was auszusetzen. Es war nicht SEIN Haus geworden.

Die Leute aber haben sich bei ihm bedankt. Einer sagte zu dem Mann, dass die Gemeinde auch ein neues Lehrhaus brauche und dass er seine Ideen auch dort umsetzen könne – die Unterstützung aller sei ihm sicher."

Der Rabbi stand auf.

Ein Schüler fragte: „Was ist denn aus dem Vorschlag an den Vorsteher geworden?"

In diesem Moment fiel ein Sonnenstrahl in den großen, hellen, mit schönem Holz und vielen Lesepulten ausgestatteten Raum des Lehrhauses.

(Ruth Finder)

Steine und Kissen

Rabbi Jakov ben Katz warnte einmal: „Der Teufel legt allen, ohne Unterschied, unermüdlich Steine auf den Weg. Die Klugen lernen daraus.

Aber sobald einer von denen stehen bleibt und stolz schaut, was er alles beiseite geschafft hat, ist der gehörnte Bösewicht sofort da und erfreut sich dieser unverhofften Pause.

Statt harte Brocken der Bemühung hat er für diesen Armen ein weiches Kissen der Selbstzufriedenheit im Gepäck und flüstert ihm ins Ohr: ‚Gut hast du das gemacht! Lasse dich nieder und ruh dich aus!‘ Und zieht weiter mit den Tüchtigen.

Dem Schlafenden wird der Vater dann aus Gnade mit einem Ruck das Kissen wegziehen. Und er fällt hart auf den Boden der Tatsachen.“

(Ruth Finder)

Auf dem Kopf

(Der Beitrag „Weg-Arbeit konkret“ von Ruth Gabriel hat mich inspiriert, eine Geschichte von Rabbi Jakov ben Katz zu erzählen.)

Ein Chassid kam zu Rabbi Jakov ben Katz und bat ihn um die Aufnahme in seine Schülerschaft. Der Rabbi fragte den ihn Aufsuchenden, was ihn dazu veranlasst hatte.

Der Mann gab zur Antwort - und großer Verdruss klang aus seinen Worten - dass er seinem gewöhnlichen Leben mit all seinen Pflichten und Lasten, einfachen Freuden und Kummer und Ähnlichem - ja, sich selber - entfliehen wollte, um etwas Großes und Ungewöhnliches zu erleben und dem Höchsten zu begegnen.

Der Reb - auch noch in seinem hohen Alter sehr gelenkig - hat sogleich einen Kopfstand gemacht. Der Chassid blickte ganz verwirrt drein.

Als sich der Rabbi wieder aufgerichtet hatte, sagte er zu dem Besucher: „Mein Sohn, du musst nicht aus deiner Welt fliehen, sondern sie vom Kopf auf die Füße stellen. In meiner Welt ist das Göttliche eine Wirklichkeit und die Regel und das Ungewöhnliche ist, dass die Menschen in ihrem Alltag dies nicht zu ihrer Gewohnheit machen."

(Ruth Finder)

Weltgeschehen

Bei einer Lernstunde hat der Rabbi von Schargorod seine Schüler eindringlich gewarnt, dass jede böse Tat und sogar jeder böse Gedanke das Gefüge der Welt verändern und viel Leid verursachen könnten. Deswegen ist auch jeder Mensch dafür verantwortlich, dass er nicht zu einem Mittäter wird, und dass sein Sich-Enthalten von tätlichem und geistigem Fehlverhalten sogar manch Böses ungeschehen sein lässt. Ein Schüler fragte ihn erstaunt: „Wie kommt es dazu, dass mein kleines Tun und

Denken im ganzen Großen etwas bewirken oder nicht bewirken könnte?"

Der Rabbi nahm ein Beispiel: „Wenn drei für einen Raub verabredet sind - einer für das Schmierestehen, einer für die Gewalt und ein dritter für die Beute - und nur zwei wirklich dazu bereit sind, dann bleibt diese Tat vielleicht ungeschehen."

(Ruth Finder)

Kommentar Ruth Gabriel:
Der Schüler dachte eine Weile nach. Dann sagte er: „Ebenso verhält es sich wohl mit den guten Taten und Gedanken. Denn schon ein kurzer Ruf kann für Einen, der in die Luft starrend auf einen Abgrund zuläuft, letztlich einen großen Unterschied machen, oder, Rabbi?"

Der Rabbi antwortete lächelnd: „So ist es."

Kommentar Clemens Satorius:
„Und", fügte er hinzu, „in deinem Beispiel ist auch schön die Verantwortung desjenigen zu erkennen, der - schlimm genug - in die Luft starrend umherläuft. Wenn er sich schon in dieser Weise fahrlässig verhält, sollte er wenigstens ansprechbar sein. Fehler machen wir gelegentlich alle, aber darauf ansprechbar sind nur wenige."

Anziehungskräfte

Ein Chassid klagte dem Rabbi Jakov: „Rebbe! Sind wir nicht alle verloren, denn die Schwere des Erdenlebens ist stark und es ist gar mühsam, sich dagegen zu stemmen!"

Jakov ben Katz fasste den Mann an den Schultern und sagte eindringlich zu ihm: „Mein Sohn, du kämpfst mit deinem Leben, aber siehst du denn nicht, dass dieses Ringen bedeutet, dass der Himmel dich dabei auch mit aller Kraft zu sich heranzieht!"

Der Chassid verzweifelt: „Aber wie ist denn dieser Kampf zwischen den beiden Welten zu gewinnen?!"

Der Rabbi antwortete: „Es geht nicht ums Obsiegen. Wir müssen der Erde und dem Himmel unsere Schuldigkeit tun und diese beiden Dienste vereinen."

(Ruth Finder)

Wie ein Boot

Der Zaddik von Schargorod machte manchmal gerne eine Wanderung durch sein Städtchen und die Umgebung, wenn ihm seine vielen Verpflichtungen dazu Zeit ließen. Einmal folgte er so dabei der Muraschka, dem Fluss, der Schargorod durchfloss. Am Ufer auf einer Wiese sah er dabei einen seiner Schüler sitzen. Seinem Gesichtsausdruck nach rang der in seinem Inneren mit etwas, und als Jakov ben Katz ihn darauf ansprach, brach es aus ihm heraus: „Ach, Rebbe, ich tue mich schwer damit, das weltliche Leben und das spirituelle Leben in Einklang zu bringen. Meinem Eindruck nach geht das gar nicht. Könnte ich mich doch nur überwinden, mich ausschließlich dem Lernen, dem Lesen, dem geistigen Gespräch oder deinen Vorträgen zu widmen. Aber einerseits zwingen mich die Notwendigkeiten des Lebensunterhaltes in die Welt hinaus, und andererseits zieht es mich auch dorthin, ich weiß nicht recht warum, doch die Tatsache lässt sich nicht leugnen. Vergifte ich nicht meine Klarheit und Ausrichtung, indem ich mich teils gezwungenermaßen, teils freiwillig vom Thorastudium abwende?"

Jakov ben Katz nickte und überlegte einen Augenblick. Er blickte über die Muraschka hinweg und auf einige kleine Boote, die sich näher und ferner auf ihr bewegten. Dann wandte er sich seinem Schüler zu und sprach: „Die Christen haben Einrichtungen, die sie Klöster nennen, und auch andere Religionen sind bekannt, in denen es Ähnliches gibt. In diese Klöster können sich sehr entschlossene Gläubige ganz von der Welt zurückziehen. So jedenfalls nennen sie es. Wir Jehudim verfügen nicht über diese Möglichkeiten, da wir in den Ländern, in denen wir leben, nicht heimisch sind – und weil es auch nicht unsere Art ist.

Schau dir die Boote auf dem Flüsschen an. Wie mit ihnen, so ist es auch mit uns. Ein Boot gehört ins Wasser. Nur gelegentlich wird es an Land geholt, um es neu abzudichten und dann kommt es wieder in den Fluss. So gehören auch wir in die Welt – und gelegentlich ziehen wir uns aus ihr zurück, um uns im Thorastudium gegen die Auswüchse und Auswirkungen der Welt abzudichten.

Ein Boot gehört ins Wasser, aber Wasser gehört nicht ins Boot. So gehören auch wir in die Welt, aber nicht gehört die Welt in uns. Unsere Rückzüge aus der Welt sind rechtens und notwendig: So wie das Boot zum Abdichten aus dem Wasser genommen wird, so ziehen auch wir uns von Zeit zu Zeit aus der Welt zurück, aber stelle dir ein Boot vor, das für immer aus dem Wasser genommen würde. Es würde seinem Zweck gar nicht mehr gerecht werden. Es wäre eigentlich zu nichts mehr nütze. Es müsste nicht einmal mehr abgedichtet werden. Genauso wäre es mit uns: Auf Dauer nicht mehr in der Welt würden wir unseren Zweck verfehlen. Selbst das Studium der Thora wäre letztlich nutzlos und würde wahrscheinlich bald von uns eingestellt. Darum müssen wir sowohl weltlich, als auch spirituell leben.

Aber nochmals, die Welt sollte nicht in dich eindringen, und wenn, dann muss sie wieder herausgeschöpft werden und du musst an deiner Dichtigkeit arbeiten. Und zudem bedenke, das Boot ist nur ein Werkzeug. Es hat einen Besitzer, einen, der es abdichtet, und der es auf dem Wasser steuert – dorthin, wohin er will. Diesen Besitzer, dieses höhere Sein in dir erkenne und lasse es die Kontrolle übernehmen. Dann zieht dich bald auch nichts mehr zu zweifelhaften, nutzlosen Stellen des Flusses."

Der Schüler blickte seinen Zaddik wortlos an. Da hatte er erstmal etwas zum Nachdenken. Jakov ben Katz blieb nun auch stumm, schaute nochmals über die Muraschka, nickte seinem Schüler freundlich zu und entfernte sich dann langsam weiter das Flüsschen hinunter.

(Clemens Satorius)

Gesetzestreu

Rabbi Jakov ben Katz hatte vor, einem Chassiden, der früher jeden Tag im Bethaus in der ersten Reihe saß, später aber immer seltener kam, bis er sich schließlich gar nicht mehr dort blicken ließ, einen Besuch abzustatten. Er wollte wissen: Warum?

An dessen bescheidenem Haus angekommen, vernahm er das Gespräch dieses Mannes mit einem Kunden, denn der Chassid war Matzenbäcker. Obwohl selber arm und auf jeden Schekel angewiesen, hatte er dem Besucher gesagt, dass die Bäckerswitwe nebenan das Geld nötiger habe, und dass er lieber bei ihr die Matzen kaufen möge.

Als der Käufer weg war, fragte der Rabbi den Chassid nach dem Grund für sein Fernbleiben im Bethaus.

Der Mann trug Folgendes vor: „Rabbi, in den Schriften und in Gebeten ist die Rede von Großem und Herrlichen. Diese Worte lasten schwer auf meinem Gewissen. Wie kann meine Wenigkeit eine Entsprechung dessen erlangen?! Ich bin nicht würdig!"

Der Zaddik – gerade erst Zeuge einer großartigen Tat – sagte sanft zu dem Mann: „Es gibt keine großen und schweren Worte. Es gibt aber auch keine nichtigen. Das sind nur Worte, aber sie sind das Gesetz. Der Große Richter freut sich gleichermaßen an allen, die sein Gesetz befolgen – ob im Kleinen oder im Großen."

(Ruth Finder)

Die fünf Pilger

Der Schargoroder vermochte es, seine Wahrheiten anhand einfacher Geschichten aus dem Volk darzulegen. Als er einmal im Kreise der Freunde gefragt wurde, warum es selbst zwischen den Gruppen der Chassidim und sogar unter den Einzelnen innerhalb dieser Gruppen auch immer mal wieder zu Spannungen komme, begann der Rebbe von fünf Jehudim zu berichten, die sich vor langer Zeit auf eine Pilgerreise nach Jeruschalajim begeben hatten und auf ihrer Reise irgendwo in der Einöde schließlich fast nichts mehr zu essen mit sich führten.

„Als sie sich am Abend an einer geschützten Stelle niederließen und alle ihre Beutel beinahe leer fanden, hatte der erste noch ein wenig gesalzenes Trockenfleisch, der zweite verfügte nur über eine Handvoll würziger Kräuter, der dritte hatte etwas Gemüse, der vierte hatte noch eine Flasche Öl, und der letzte schließlich hatte lediglich ein Tuch, in das er seinen letzten Brotbrocken eingeschlagen hatte.

Der mit dem Brot überlegte und schlug vor, sie sollten, da sie über ausreichend Wasser verfügten und dazu noch einer einen kleinen Kessel bei sich trug, Wasser über dem Lagerfeuer zum Kochen bringen und alle würden ihre restlichen Nahrungsmittel hineingeben, auf dass eine Suppe für alle entstehen würde. Dem stimmten die anderen vier begeistert zu.

Als nun das Wasser im Kessel fröhlich kochte, begab sich jeder zu ihm, um seinen Teil zur Suppe beizutragen, aber im entscheidenden Moment tat jeder nur so, als ob er seinen Beitrag in den Topf werfen würde, denn sie dachten alle bei sich, dass die Suppe auch ohne ihren schmalen Rest eine gute Suppe werden würde und dass sie so noch einen letzten Notvorrat für sich bewahren könnten. Dann setzten sich alle neben dem Feuer nieder, schauten in die Flammen und hörten dem köchelnden Wasser zu.

Nach einer Weile erhob sich einer der Reisenden, um mit einem Holzlöffel die Suppe umzurühren und um zu sehen, wie weit sie schon gar geworden sei. Dabei stellte er fest, dass sich nur sprudelndes Wasser im Kessel befand. Und auch die anderen konnten es erkennen, denn sie hatten sich hungrig erhoben und mit an das Feuer gesellt. Sofort begann ein Streit, bei dem jeder sogleich seinen Anteil an der Misere vergessen hatte und nur noch die Verfehlungen der Anderen sah. Das Schimpfen und die Vorwürfe gingen hin und her - und endeten damit, dass die Reisegesellschaft zerbrach und alle für sich, ohne den Schutz und den Zusammenhalt der Gruppe, den Rest der Reise auf sich nahmen."

Jakov ben Katz machte eine Pause, damit alle über die Geschichte nachdenken konnten. Er blickte um sich. Dann fuhr er fort: „Dieses kleine Drama können wir auf alle zwischenmensch-lichen Beziehungen übertragen, auch auf die Gruppen der geistig Strebenden. Vielleicht mag es unterschiedlich stark ausgeprägt sein. Vielleicht zeigt es sich auch nur in unterschiedlichen Gewän-dern, weniger materiell, mehr geistig. Das Problem aber ist euch wohl offensichtlich. Es ist immer eine Art Geiz. Eine mangelnde Fähigkeit und Bereitschaft, sich ganz einzubringen.

Auch unter den Chassidim kann das materieller Geiz sein, Zu-rückhalten körperlichen Einsatzes... Aber auch Geiz mit geistigen Fähigkeiten. Dabei sind es gerade diese, die uns am allerwenigsten gehören, die wir in den Dienst von allen stellen sollten, ohne dabei nach persönlichen Vorteilen zu suchen. Doch das ist schwer und das Lernen ist immer wieder mit Leiden verbunden, die aus unserer Selbstisolation auf der Pilgerreise entstehen. Letztlich aber werden wir lernen, dass eine Suppe - auch eine vielleicht vorerst noch nicht im absoluten Sinne sehr reichhaltige - nicht ohne verschiedene Zutaten entstehen kann.“

(Clemens Satorius)

Mit

Man fragte einmal Rabbi Jakov ben Katz: „Was unterscheidet in Bezug auf die brüderliche Gemeinschaft einen Weisen von einem Narren?“

Der Rabbi erinnerte sich sogleich an die Worte seines Lehrers. Dieser pflegte nämlich zu sagen, dass beide, ein Weiser und ein Narr, ohne die Gemeinschaft auskommen könnten, aber ein Weiser könne auch mit ihr auskommen.

Dies gab er dann als Antwort.

(Ruth Finder)

Das letzte Geschenk

Am Neujahrsfest rief Rabbi Jakov ben Katz seine Gemeinde zu Einkehr und Umkehr auf, wodurch jeder die Liebe zu Gott und seinen Mitmenschen entfalten könnte.

Später in der Schul erzählte er dann, wie jedes Jahr, für die Neuzugänge unter seinen Schülern zur Verdeutlichung diese Geschichte:

„An einem kalten, dunklen Wintertag lag der Lehrer eines Chassiden im Sterben. Der Alte blieb ruhig und klar, während sein Schüler sich in bitteren Klagen erging: ‚Mein Ein und Alles, verlasse mich nicht! Wie kann mein Herz ohne dich die Liebe je wieder verspüren und erwidern! Es bleibt leer und traurig zurück.'

Dem Lehrer tat sein Schüler leid, aber noch mehr schmerzte ihn, dass sein Chassid in all den Jahren der Lehre engherzig geblieben war und die Zuneigung nur zu ihm, seinem Rabbi, empfand.

Der Sterbende machte ein Zeichen, dass der Mann sich zu ihm neigen sollte, und sprach dann leise: ‚Sei nicht so bekümmert! Ich werde dich aus dem Jenseits besuchen.' Sprach's und entschlief sogleich.

Seitdem hielt der Chassid bei all seinen Begegnungen Ausschau nach einem Mann, der dem Rabbi ähnlich sehen könnte. Er musterte alle Glaubensgenossen immerzu und blieb zurückhaltend. Lange ging das so weiter. Der Rabbi erschien nicht, und das Herz des Chassiden verengte sich zunehmend.

Nach einer Weile dünkte ihm aber, dass sein Lehrer sich ihm womöglich in einer anderen Gestalt zeigen würde. Seitdem erwiderte er ehrlichen Herzens jedem freundlichen Chassiden dessen Freundlichkeit - denn es stand für ihn außer Frage, dass sich sein Lehrer nicht anders als freundlich und einnehmend geben würde. Und das tat dem Chassiden gut und die Traurigkeit wich langsam aus seinem Herzen. Aber ein deutliches Zeichen, dass eines dieser Treffen seinen Rabbi zu ihm geführt hatte, bekam er immer noch nicht.

Die Zeit verging, schließlich dachte der Mann, dass sein Lehrer ihn gewiss prüfen wollen würde, und ihm in Gestalt eines gleichgültigen, abweisenden oder gar unangenehmen, ja unausstehlichen Chassiden erscheinen würde. Und dass es für ihn zu lernen gelte, auch jeden solchen Genossen in sein Herz zu schließen – denn es könnte ja der Rabbi sein. Dabei musste er viele Rückschläge erdulden und Ablehnung und Misstrauen erfahren. Er blieb aber standhaft und beharrlich. Sein Herz öffnete sich weiter. Und siehe da, auch manche von diesen Groben, Verschlossenen, Misstrauischen, Ablehnenden waren weicher, vertrauter, empfänglicher geworden. Das alles erfüllte unseren Chassiden gar sehr. Wohlwollen und Milde zogen in sein Herz ein. Trotzdem blieb ihm noch der leichte Hauch einer Sehnsucht, dass einer von ihnen sein Lehrer sein möge.

Nun dauerte es nicht mehr lange, da glaubte der Chassid, dass sich sein Rabbi ihm nicht nur in einem seiner Glaubensbrüder, sondern auch in einem beliebigen Mann, in einer Frau oder in einem Kind offenbaren könnte! Mit dieser Erkenntnis schloß er endlich Frieden mit sich und ließ seine Erwartungen los. Sein Herz trug jedem Menschen liebende Güte entgegen.

Es war Frühling geworden. Im Garten des Chassiden stand ein alter Apfelbaum, der seit Jahren nicht blühte. Aber diesmal trug er wieder zahlreiche liebliche Blüten. Das erfüllte den Chassiden mit großer Dankbarkeit und Freude zu allem, und er begriff, dass der Rabbi ihm damals ein letztes Geschenk machte – in seiner Weisheit pflanzte er ihm mit seinem „Versprechen" den Samen umfassender Liebe ins Herz."

(Ruth Finder)

Geschmack

Die Tafel Gottes ist reichlich mit erlesenen Speisen gedeckt. Das sind die edlen Tugenden und Werte. Wohl dem, der darüber gehört hat. Selig ist aber derjenige, der etwas von diesen noblen Gerichten probieren durfte!", so sprach Rabbi Jakov ben Katz in seinem engsten Kreise.

Leise und etwas zögerlich fügte er hinzu: „Auch mir wurde es durch die gnadenvolle Fügung drei Mal gewährt, einige von diesen Köstlichkeiten zu schmecken."

Ermuntert von seinen Zuhörern darüber zu berichten, erzählte der Schargoroder weiter:

„Die drei Fügungen geschahen mir jeweils, als ich mich ins Bethaus zu gehen anschickte. Sobald ich die Haustür hinter mir zumachte, wurde ich in die sehnsüchtige Ferne gezogen. Beim ersten Male tat sich der Himmel über mir auf und ich schaute die unauslotbare Tiefe, welche mich in aller Barmherzigkeit und Güte anlächelte. Mir war so, als befände ich mich auf einem unsichtbaren Schoße, und unbeschreibliche Milde und Wohlwollen umhüllten mich. Da habe ich Liebe geschmeckt.

Beim zweiten Male fand ich mich auf einer lichtdurchfluteten Straße, welche ohne Anfang und Ende und ohne Rechts und Links war. Ich bewegte mich unter Wohlgesinnten, welche mich voller Freude und Zuneigung willkommen hießen, und wurde in ihrer Menge mitgetragen. Ich war einer von ihnen und wir alle waren eins! So habe ich Gemeinschaft geschmeckt.

Beim dritten Male schwebte ich losgelöst in einem offenen, uneingeschränkten Raum und konnte unverwehrt auf einige Dinge schauen, in aller Ruhe sie erkennend und über sie wissend. Ich wurde meinem argen Wächter - meiner Selbstsucht - entrissen! So habe ich Freiheit geschmeckt."

Dann schwieg der Rabbi eine Weile.

Einer sagte schwärmerisch: „Wahrlich, eine bessere Kulisse auf dem Weg ins Bethaus kann man nicht haben!"

„Ach, nein mein Lieber! Jedes Mal, während ich in der Ferne verweilte und ausgiebig kostete, hob ich hier, in unserer irdischen Niederung, grade mal meinen Fuß zum ersten Schritt Richtung Bethaus. So habe ich Ewigkeit geschmeckt."

(Ruth Finder)

Ich, ich, ich

Die Chassidim und ihr Weg waren unter den Jehudim im Lande keineswegs unangefochten. So waren sie den aufklärerischen Maskilim viel zu rückständig, und den Mitnagdim mit ihrer talmudischen Strenge waren sie wegen ihrer Leichtigkeit so verdächtig, dass sie sie aus der jüdischen Gemeinschaft ausgeschlossen sehen wollten.

Aber auch im Inneren wuchs ihnen ein Feind in Form zunehmender formaler Erstarrung und in Form von Streitereien um einzelne Aspekte, bei denen mehr und mehr das Gesamtbild aus dem Auge geriet. Ein scharfzüngiger Gegner von Rabbi Jakov ben Katz war der Aharon von Czernowitz, der seine Schüler und Anhänger besonders nah an sich band, eine strenge Trennung von Männern und Frauen befürwortete und sich selbst als einen der Großen darstellte und darstellen ließ.

Rabbi Jakov wies seine eigenen Schüler immer wieder darauf hin, dass es auch unter den Anhängern des Czernowitzers hingebungsvolle Männer gebe, die zu großen spirituellen Leistungen fähig seien - unabhängig von den für die Schargoroder offensichtlichen Schwächen. Die gelegentlich an Jakov ben Katz herangetragenen Sticheleien des Rabbi Aharon nahm er gelassen.

Er schaute gewöhnlich mehr auf die Gemeinsamkeiten und machte seine Haltung nicht sehr von Differenzen abhängig. Gleichzeitig fehlte es ihm aber nicht am Vermögen, eigene Standpunkte und ihre Richtigkeit recht deutlich herauszuarbeiten.

Zumindest dieser eine Gegner wurde dem Rabbi Jakov schließlich aber durch eine seltsame Begebenheit genommen, die atemlos von einem jungen Burschen in der Schul berichtet wurde, nachdem er mit seinem Vater von einer Lieferfahrt nach Czernowitz nach Hause zurückgekehrt war.

Ein Anhänger des Aharon von Czernowitz war von seinen Glaubensfreunden bei starkem Regen von einem anschwellenden Bach getrennt worden und war dann vor ihren Augen unter Anrufungen des Namens seines Rebben zu Fuß über das Wasser des Baches zu ihnen herübergelaufen. Als dies dem Aharon von Czernowitz berichtet wurde, gab der sich so, als sei dies kein solches Kunststück und liege mehr an ihm als an seinem Schüler. Für sich hatte er aber wohl vor allem gedacht, dass, wenn sein Schüler unter Anrufung seines Namens auf dem Wasser laufen könne, er selbst dieses Kunststück wohl erst recht zustandebringen würde.

Abends ging er hinunter zu einem tiefen Teich und wurde dabei nur von einem kleinen Jungen beobachtet. Er betrat einen Steg und ging bis zu seinem Rand. Dort begann er zu wiederholen: „Ich, ich, ich" und fuhr damit fort, während er seinen Fuß auf das Wasser setzte. Dabei fand er jedoch keinen Halt und fiel vornüber in die Fluten, wo er wie ein Stein versank. Der kleine Junge holte sofort Hilfe, aber Rabbi Aharon war schon ertrunken, als man ihn mit einer langen Holzstange aus dem Wasser zog.

Der beherrschenden Figur ihrer Glaubensrichtung beraubt - und enttäuscht von der offenkundigen Ermangelung von

Wunderkräften ihres Rebben – zerstreute sich die Czernowitzer Gruppierung der Chassidim und hörte auf zu existieren.

(Clemens Satorius)

Was man mitnimmt

Ein Chassid bereitete sich auf eine Pilgerreise vor. Tag für Tag hörte Rabbi Jakov ben Katz den Mann im Gemeindehaus angestrengt vor sich hin murmeln, was er dafür so alles beachten müsse und mitzunehmen gedenke.

Irgendwann fasste der Schargoroder den Chassiden an den Schultern und sagte zu ihm: „Bei alledem und vor allem, egal wie groß oder klein deine Unternehmung ist, musst du dich selbst mitnehmen. Das gelingt dir, indem du dich von dir selbst befreist."

Das allein war für den Chassiden „Reisegepäck" genug!

(Ruth Finder)